고미숙의

인생 특강

고미숙의 인생 특강

발행일 초판1쇄 2020년 10월 10일 | 초판4쇄 2023년 5월 30일
지은이 고미숙 | **펴낸곳** 북튜브 | **펴낸이** 박순기 | **주소** 경기도 고양시 덕양구 소원로181번길 15 504-901 | **전화** 070-8691-2392 | **팩스** 031-8026-2584 | **이메일** booktube0901@gmail.com
ISBN 979-11-90351-30-0 03100
이 도서의 국립중앙도서관 출판예정도서목록(CIP)은 서지정보유통지원시스템 홈페이지(http://seoji.nl.go.kr)와 국가자료종합목록 구축시스템(http://kolis-net.nl.go.kr)에서 이용하실 수 있습니다.(CIP제어번호: CIP2020042183)

Booktube 북튜브 책으로 만나는 인문학강의 세상

고미숙의

인생 ▶ 특강

욕망과 자유에 대한 비전 탐구

지은이

고미숙

Booktube
북튜브

책머리에

결국 '그것'이 왔다! 길게는 20세기 후반부터, 짧게는 몇 년 전부터 지속적으로 말해졌던, 한편 두려워하면서 또 기다려 왔던 '그것'이. 그것은 등장하자마자 순식간에, 전 지구를 뒤덮어 버렸다. 이쯤 되면 루쉰의 표현대로, '왔다!'가 왔다.

오긴 왔는데, 모두의 예측을 벗어났다. 탄도미사일이 날아다니는 핵전쟁도 아니고, 4차혁명으로 인한 기계인간의 출현도 아니고, 버블경제로 인한 금융공황도 아닌, 바이러스가 왔다. 그것도 두 겹이 아닌 한 겹으로 된 RNA 바이러스. 바이러스는 보통 두 가닥으로 되어 있는데, 코로나19는 오직 한 가닥으로만 존재한다. 그래서 그토록 전파속도가 빠르고 변이에 능하고 신출귀몰(무증상 감염)한 것이리라. 한없이 작고 가

벼운 것들의 역습! 그 앞에서 인류는 미증유의 연대기를 속수무책으로 통과하는 중이다.

처음 그것이 그 위용을 드러냈을 때만 해도 조금만 참고, 조금만 기다리면 된다는 생각이었다. 하지만 아니었다. 겨울에서 봄으로, 다시 여름을 지나 가을에 진입한 이 시간에도 여전히 코로나의 '질풍노도'는 계속되고 있다. 우한과 대구를 넘어 밀라노와 파리, 런던에서 뉴욕으로, 그리고 다시 남미로, 중동으로…, 전 세계가 불타고 있다. 세계가 불타고, 일상이 불타고, 마음이 불타고…, '삼계가 다 화택(火宅)'이라는 붓다의 말을 이렇게 가시적으로 확인하게 될 줄이야.

더 끔찍한 것은 이후의 행선과 변이를 도무지 짐작조차 하기 어렵다는 사실이다. 하지만 분명한 건 하나 있다. 이제 우리는 이전의 삶으로 돌아갈 수 없다는 것. 결코 그럴 수 없으리라는 것. 오던 길은 끊어졌고, 새로운 길은 아직 생성되지 않았다. 그럼 어떻게 하지?

코로나 이후 코로나만큼 '대유행'한 언어가 있었으니, 바로 '사회적 거리두기'다. 사람과 사람 사이의 거리를 유지하라! 이것은 근대 위생권력이 오래전부터 강조했던 메시지다. 그 결과 사람들은 '고독과 소외'를 숙명처럼 안고 살아야 했다. 그런데 또다시 '거리두기'를 하라고? 이미 충분히 하고 있는데, 또? 여기 아주 기막힌 역설이 존재한다. 현대인이 맺는 관계는 둘 중 하나다. 과도한 밀착 아니면 극단의 고립. 화폐와 소비의 향연이 펼쳐지는 곳이 전자라면, 일상 혹은 내면은 후자에 속한다. 쉽게 말해, 열광과 고립 사이를 분주하게 오갔던 것! 이것이 '군중 속의 고독'이라는 역설에 담긴 속내였다.

그런데 코로나가 바로 이 열광의 리듬을 타고 전파되기 시작한 것이다. 아니, 코로나 자체가 그런 배치의 산물이다. 박쥐든 천산갑이든 야생동물 속에 있던 바이러스가 대체 왜 인간들의 몸으로 '디아스포라'를 시작했을까? 야생동물과의 거리두기를 하지 않았기 때문이다. 왜? 식욕과 성욕, 화폐와 소비의 대향연을 위해서다. 그 결과는 참혹했다. 먹고 마시고 즐기는 모든 동선이 위험해졌다. 방법은 오직 자기만의 섬(혹은 성)으로 도피하는 것뿐. 그럼 그곳은 평안한가? 안전한가? 그렇지 않다. 가족과의 소통은 막힌 지 오래고, 자신과의 대화는 더더욱 낯설기만 하다.

코로나19와 더불어 코로나 블루(우울증)가 만연되고 있는 이유다.

자, 그럼 이제 우리가 해야 할 첫번째 미션은 '거리의 재구성'이다. 이름하여, '사회적 거리두기'를 넘어 '욕망과의 거리두기'로. 사회적 거리두기는 방역의 대원칙이다. 하지만 이것이 제대로 수행되려면 '욕망과의 거리두기'가 수반되어야 한다. 그리고 이게 더 근본적인 처방이다. 거듭 말하지만, 우리는 다시 이전으로 돌아갈 수 없다. 열광과 고립을 오가는 방식으론 더 이상 살아갈 수 없다. 만약 코로나한테도 지성이 있다면, 그것이 전하는 메시지는 간단하다. 이제 그만 질주를 멈추라는 것. 욕망의 방향을 전면적으로 바꾸라는 것. 어떻게? 소비와 쾌락에서 휴식과 성찰로. 외적 확장에서 내적 충만으로. 자연의 도구화에서 자연과의 공존으로. 사실 이것은 코로나 이전에도 인문학의 장에선 늘 환기되던 이슈였다. 코로나가 그것을 명료하게, 적나라하게 가시화했을 뿐이다. 코로나19뿐 아니라 이후에 도래할 또 다른 바이러스에 대처할 수 있는 면역력의 원천도 거기에 있다.

서두가 길었지만, 이 책이 '욕망과 자유에 대한 비

전 탐구'라는 키워드를 표방하게 된 이유다. 각기 다른 시간, 다른 공간에서 했던 네 개의 강의를 엮었지만 지향점은 동일하다. 개인이건 집단이건 '욕망이 지성'으로, '지성이 다시 지혜'로 이어지는 비전을 탐구하지 않는 한 미래는 없다! 욕망을 관찰해 보면 안다. 우리가 얼마나 존재를 불태우고, 이웃을 불태우고, 지구를 불태우는지를. 해법은 오직 하나다! 멈추고 관찰하고 분석하는 것. 그리하여 자신과 내면으로, 생명과 자연으로 향하는 통로를 다시 열어 가는 것. 그때 비로소 몸은 멀리 있어도 마음은 전 세계와 연결되는 길도 열릴 것이다. 그때 비로소 근대 이후 숙명처럼 떠안았던 '고독과 소외'로부터 벗어나는 길도 열릴 것이다. 그리고 그 길로 인도하는 스승들과 텍스트는 이미 충분하다. 그리고 누구든, 언제든, 어디서든, 그 가르침에 접속할 수 있다. 그것이야말로 디지털이 준 최고의 축복이다. 바야흐로 그 축복을 만끽할 때가 도래한 것이다. 코로나가 야기한 또 하나의 역설!

이 책이 만들어진 과정 역시 그렇다. 코로나가 아니었으면 이 책의 기획 자체가 불가능했으리라. 지난 10여 년 동안 나는 일주일에 거의 3일 이상 지방강연을 다녔다. 본의 아니게 '국토대장정'을 한 셈이다. 2020년 새해를 맞이하면서 이제 이런 식의 패턴을 멈추고 다시 초심으로 돌아가야겠다고 결심했다. 한데, 그 순간 코로나가 덮쳤다. 저절로, 너무나 자연스럽게 모든 스케줄이 일거에 멈췄다. 오 마이 갓!

대신 온라인이라는 스페이스가 급부상했다. '거리두기'와 '마음의 연결'이라는 두 가지를 동시에 가능케 하는 네트워크가 있다는 건 얼마나 다행인가. 그 와중에 '북튜브'라는 기획이 탄생했고, 그동안 곳곳에서 했던 강의들이 '욕망과의 거리두기'라는 테마로 연결되었다. 하여, 새삼 깨닫게 되었다. 인생이란 보이는 것이 다가 아님을. 무수한 인연의 선분들이 도처에 숨어 있음을.

하여, 독자들에게도 이 책이 거리를 재구성하고, 삶의 지도를 다시 그리는 '소소한(소박하지만 소중한)' 인연이 되기를 기대한다.

2020(경자년) 9월 15일

깨봉빌딩 2층에서

고미숙

차례

▶

세번째 특강

원초적 욕망과의 대면 79

▶

네번째 특강

길 위의 공부 113

첫번째
특강

삶에 꼭 이유가 있어야 하나요?

'꿈'은 '삶'보다 중요할 수 없다

안녕하세요. 반갑습니다. 이번 강의는 시작하기 전에 저를 소개하는 영상도 길고, 무대도 웅장하네요. 인문학은 아담한 교실에서 서로 눈을 맞추고 묻고 답하는 그런 여정인데, 이렇게 웅장한 무대에서 굉장한 화면으로 소개를 받고 나오니 제가 약간 허파에 바람이 들어갈 것 같아요.(^^) 이러면 헛꿈을 꾸게 되고, 내가 뭐라도 됐나 보다, 이렇게 생각하는 순간에 그 헛꿈이 제 인생을 끌고 가게 되죠.

"삶에 꼭 이유가 있어야 하나요?" 이게 오늘 제가 던질 질문인데, 가만히 생각을 해봤어요. 이 질문을 내가 왜 던지게 되었을까 하고. 떠오르는 하나의 장면은, 제가 전국에 강연을 다니다 보면 고등학생들이 이런 질문을 하는 거예요. 아주 건강하고 밝고 잘생긴 고등학생이 자기는 너무 우울하다는 거예요. 이유가, 꿈이 없다는 거. 꿈이 없는 게 사실은 동양에서는 도의 극치거든요. "아무것도 원하는 게 없다니, 드디어 도를 깨쳤구나!", 이런단 말이죠. 『동의보감』에서도 꿈이 없는 잠이 가장 행복한, 최고의 잠이거든요. 그런데 꿈이 없는 게 왜 밝고 건강한 10대를 이토록 좌절하게 할까. 그러니까 자신의 자의식 안에 꿈이라고 하는 것을 새겨 넣어야만 자기가 살 가치가 있다고 생각하는 거죠. 그리고 또 하나, 20대 청년들과 대화를 하다 보면 잘 아시겠지만 청년이라기보다 이미 약간 좀비적인 신체가 됐잖아요. 그런데 이렇게 질문을 해요. 어차피 죽을 건데 왜 살아야 되는지 모르겠다. 그게 저 같은 노년을 앞둔 어른한테 할 말은 아니죠.(^^) 청년들이 그런 절망에 빠져 있는 거예요. 그래서 제가 말했죠. 어차피 죽을 건데 너무 서두를 건 없지 않냐고…. 그 청년은 '삶에는 이유가 있어야 된다', 그런데 그 '이유'는 어떤 목표, 의미, 가치, 그리고 그걸 향해 달려가는 열정이어야 한다고 전제를 하는 거예요. 그런데 자기는 그게 없는 거예요. 그게 없는 상태로도 충분하다는 걸 모르는 거죠. 믿지 않는 거고. 그래서 제가 이번 강의에서 "삶에 꼭 이유가 있어야 하나요?"라는 질문을 던지게 됐습니다.

꿈과 의미, 가치, 그런 것들이 삶에 소중하다. 맞아요. 그런데 그런 것들이 삶보다 더 소중할 수는 없어요. 살고 보니, 살다 보니 꿈을 갖기도 하고, 어떤 사람을 만나서 사랑을 하기도 하고, 또 무엇을 이루고 싶다는 마음이 드는 거지, 그것을 이루기 위해서 사는 것이 아닙니다. 저는 그렇게 생각하거든요. 그런데 어느 순간에 완전히 전도가 일어난 거예요. 꿈이 있어야 되고, 무언가를 이루어야 된다, 그래야 가치 있는 삶이다. 예컨대 '내 존재의 이유는 가족이다', 이런 식으로…. 그런데 이건 정말 거짓말이죠. 가족은 어떻게 보면 살고 싶지 않게 하는 원인이 아닐까요.(^^) 가족을 생각하면 대개는 마음이 답답해지죠. 그리고 그 많은 대중문화에서 얘기하는 '널 만나기 위해서 나는 이 세상에 왔다'는 이 우주적인 뻥! 세상에 그게 가당키나 합니까? 내가 왜 저 인간을 만나러 여기 태어납니까. 살다 보니 그냥 우연히 만난 거예요. 그리고 곧 크로스되어서 각자의 길을 가게 될 거예요. 그러니까 이런 망상, 판타지라고 하기에도 너무 비대해진, 이런 망상 속에서 자기 삶을 구성해야 되는 세대가 등장을 한 거죠. 그래서 청춘이 던지는 질문을 전 세대의 모든 사람들에게 한 번 물어보고 싶은 거예요. 물론 저 자신을 포함해서.

삶, 앎을 향한 여정

그래서 삶이 무엇인가, 이걸 근원적으로 한 번 살펴보면, 산다는 건 어느 날 어떤 시간과 공간, 시공에 내가 던져지는 거예요. 그런데 내가 왜 지금 하필 여기에 던져져 있는가는 아무도 모릅니다. 그걸 아는 사람이 있을까요? 그걸 알면 여기 안 오겠죠. 그걸 아는 존재는…. 다 아는데 왜 옵니까. 그리고 이것은 너무너무 평등한 거예요. 금수저건, 흙수저건, 엘리트건 평생 꼴찌만 한 사람이건, 모두에게 동일한, 무지라는 생명의 토대, '모른다'라는 것.

그래서 삶은 다 어디서 시작하냐 하면 '모른다'에서 시작하는 거예요. 내가 왜 지금 여기 있는지 모르겠는데, 삶이 시작이 되어 버린 거예요. 만약에 그 의미를 찾아야 된다면 갓난아기들은 돌 전에 다 삶을 포기해야 되지 않을까요. 걔들이 뭘 알겠습니까. 왜 왔는지, 왜 살아야 되는지 알고 사는 것이 아니니까요. 그래서 '삶은 이 무지로부터 벗어나기 위한 기나긴 앎의 여정'이다, 이렇게 정의할 수 있어요. 그런 점에서 모든 존재는 태어나는 순간 이미 구도자가 되는 겁니다. 누구에게나 삶은 그 자체로 절실하니까요. 그래서 인생이 뭐냐. 나에게 던져진 길, 주어진 길 위에서 나의 길을 찾아가는 여정이다. 이렇게 정의를 하면 일단 '의미가 있어야 돼', '꿈이 있어야 돼', 이런 건 굉장히 부차적인 것이 됩니다.

이렇게 삶이 시작되기 때문에 인간은 다른 동물과 달리 세상만사가 너무너무 궁금해요. 너무나 알고 싶어요. 이 알고 싶어서 미치는 거, 이게 인간의 존재성이에요. 왜냐하면 태어날 때 완벽한 무지에서 시작하니까요. 그래서 인류의 역사는 어떤 점에서 모든 걸 다 알고 싶다고 하는 그런 지식의 여정이라고 할 수 있습니다. 그래서 갓난아기 때부터 성장기, 청춘, 중년, 장년, 노년까지, 삶을 이끌어가는 건 질문인 거예요. 질문이 사라지는 순간 나는 좀비가 됩니다. 그건 청년이든 노년이든 똑같아요. 청년은 좀비가 되고, 노년은 꼰대가 되는 거죠. 똑같은 대답을 반복하는 것. 반복은 생명과 완전히 반대예요. 반복은 반생명이에요. 그래서 계속 질문을 던져 가는 것이죠.

그리고 인간의 몸이 이렇게 직립을 하니까 하늘과 땅을 다 연결하죠, 위아래로. 그리고 사방에서 타

"

꿈과 의미, 가치, 그런 것들이 삶에 소중하다. 맞아요. 그런데 그런 것들이 삶보다 더 소중할 수는 없어요. 살고 보니, 살다 보니 꿈을 갖기도 하고, 어떤 사람을 만나서 사랑을 하기도 하고, 또 무엇을 이루고 싶다는 마음이 드는 거지, 그것을 이루기 위해서 사는 것이 아닙니다.

자들을 만나게 되죠. 천지인, 이것을 다 연결하니까 질문의 스펙트럼이 너무너무 넓습니다. 거기다 뇌세포는 무한하게 많아요. 그러면 이 뇌세포는 접속을 해야 되죠. 뇌는 또 접속하면서 집단지성을 연출하거든요. 그래서 인류 중에 누군가가 깨달았다, 그러면 나도 그 가능성에 접속하는 거예요. 이게 인간의 신체적 조건이기 때문에, 그래서 인류 역사가 뭐냐, 끊임없이 무엇을 탐구하는 여정이다, 그렇게 말할 수 있죠. 그런데 예전에는 지역적 한계와 시대적 한계 때문에, 그리고 신분적 제한 때문에 인류가 어느 단계에 도달했는지를 총체적으로 볼 수가 없었어요. 그런데 디지털 시대는 모든 지식, 모든 지성을 다 연결해서 눈앞에 드러내 보이는 시대가 된 거죠. 거의 무제한적으로. 그래서 너무 많은 지식의 범람, 정보의 바다에 직면을 하게 된 거죠.

지식-지성-지혜의 인드라망

해서, 이걸 좀 나누어서 분리를 해봤습니다. 지식, 지

3G(지식, 지성, 지혜)의 인드라망

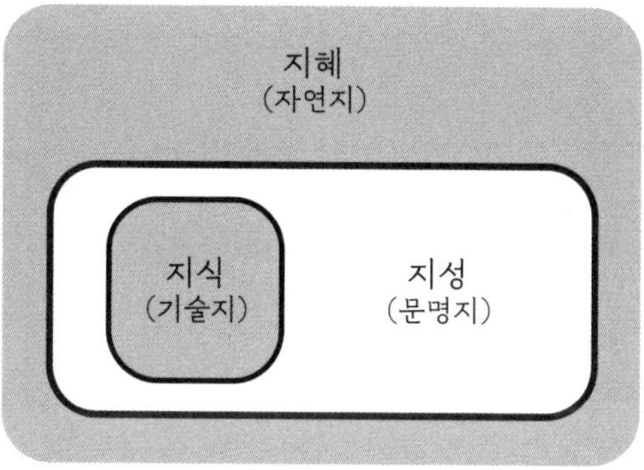

성, 지혜는 다 비슷한 말 같은데 제가 분류를 한 거죠. 지식은 주로 정보, 물질의 원리를 탐구하는 것. 그리고 그걸로 인간이 누리는 부를 확장하는 것을 말합니다. 그래서 이건 '기술지'라고 일단 정의할 수 있어요. 그런데 물질을 알고 부를 확장하면 그걸 어떻게 나누고, 이걸 어떻게 인간 삶에 적용할까, 이 문제가 부각이 되죠. 그럴 때 관계에 대한 탐구를 하게 됩니다. 이걸 신분으로 할까, 시험제도로 할까. 또 어떻게 해야지 구성원들이 대체로 불만 없이 잘 기술지와 접속할까. 그게 저는 지성이라고 생각합니다. 사회, 경제, 인문학도 기본적으로 그 영역을 탐구하는 거죠. 그걸 '문명지'라고 일단 정의한다면, 마지막으로 또 하나가 있는 거예요.

인간은 천지를 연결할 수 있는 존재다 보니 끊임없이 인간 너머가 너무나 궁금한 거예요. 그러면 인간을 묻는 게 아니라 생명을 묻게 되죠. 우리나라, 아시아, 지구를 묻는 게 아니라 전 우주를 질문하는 거. 이게 바로 지혜입니다. 그런데 이 영역으로 가면, 기술지와 문명지처럼 손에 잡을 수 있는 게 없어요. 침묵이에요, 침묵. 거대한 무의 세계를 만나게 돼요. 이 앞의 것들(지식, 지성)은 가시적으로 눈에 다 보이죠. 전기도 보이지 않던 걸 우리 앞에 끌어내서 실생활로 지금 다 응용을 하고 있잖아요. 전파도 마찬가지고. 이렇게 되는데, 생명과 우주가 무엇인가라고 묻게 되면 그 보이는 모든 것을 해체해 버립니다. 그걸 지혜라고 보통 부르죠. 영성(靈性)이라고도 하고. 그걸 인류학적 용어로 쓰면 '자연지'라고 할 수 있습니다. 그래서 그 사회의 문명 수준을 알려면 이 '3G'(제가 '3G'라고 이름 붙인 겁니다. 이건 전혀 전문용어가 아닙니다^^), 지식, 지성, 지혜의 인드라망, 이것의 순환을 봐야 한다는 거죠. 이걸 통해 그 사회에서 살고 있는 사람들의 인식의 방향이 결정되는데, 이 가운데 가장 중요한 인간다운 앎은 지혜, 영성, 침묵이죠. 그래서 이것이 바탕이 되어야 기술지와 문명지도 그 활발한 역동성을 갖게 됩니다. 순환을 하게 될 테니까요.

'지혜'를 외면하는 자의식의 과잉

그런데 지금 우리 상황도 그렇고 이전의 역사를 보면, 지혜를 가능한 한 보지 않으려고, 이 침묵과 무의 세계를 외면하려고 하는 모습을 많이 연출했죠, 인류 역사가. 그러면 지식과 지성만으로 우리가 자유로워지는가. 그렇지 않죠. 그 이유가 뭘까. 그걸 탐구해 보려고 합니다. 지식은 계속 기술을 확대해서 인간 마음에 소유에 대한 증폭, 곧 욕망을 불어넣습니다. 그래서 너무 많은 걸 갖고 싶고 누리고 싶어지는 거예요. 이 마음을 해체하는 게 지혜인데, 지혜가 개입하지 않으면 무조건 욕망을 향해 나아갑니다. 그래서 기술이 아무리 발전해도 우리가 더 자유로워질 수는 없는 거죠. 한편 지성은 사회적 관계에 대한 많은 시행착오와 토론, 논쟁, 교육 등등을 주도하는데, 이 지성이 지혜와 연결되지 않을 때, 그것은 엘리트와 군중의 차이가 강화되는 쪽으로, 그래서 엘리트가 대중을 지배하고 군림하는 식으로 나가게 됩니다.

이렇게 인류는 너무 많은 기술지와 너무 많은 문명지를 이루었는데, 왜 아직도 자유롭지 않은가. 그것을 저 나름대로 생각해 보았습니다. 이전에도 사실 기술지만을 향해 달려가면 그 결과는 늘 전쟁과 폭력이었어요. 그리고 지성의 영역만 극대화하면 학벌이나 엘리트주의 등이 사회에 수많은 갈등과 충돌을 일으키게 되죠. 지금은 이 모든 게 다 뒤섞여서 물질적 진보를 상당히 이루었는데도 우리는 여전히 소유를 향한 욕망, 그리고 지적 특권에 대한 욕망을 못 버립니다. 그러니까 좀 알면 누구를 너무 가르치고 싶은 거예요. 가르친다는 건 뭐냐면 내가 원하는 식으로 인생을 살라고 강요하는 거예요. 그리고 좀 내가 기술을 알아서 무얼 얻게 되면 더 많이 얻고 싶은 욕망을 제어할 수가 없어요. 그래서 이 지혜의 방향을 우리가 새로 되살려야 하지 않을까. 이런 생각을 하게 된 겁니다.

지식과 지성만으로 살면 자아가 아주 비대해집니다. 예컨대, 십대들이 "누구를 사랑하고 싶어요", 이러지 않죠. 굉장히 아름다운 여성들에게 인기를 끌고 싶어요, 이런 거예요. 그리고 "성공하고 싶어요", 이거는 "내가 원하는 노동으로 당당하게 살겠어요"가 아니라 엄청난 거액의 돈을 주무르는 사람이 되고 싶어요, 이런 뜻인데 자기의 현실은 너무 아득하게 머니까 추락을 하는 거죠. 스스로 추락을 하는 거죠. 이게 자아, 자의식의 비만이에요. 그래서 이런 궤도를 타게 되면 이건 절대로 멈출 수가 없어요. 현재 인간의 신체와 뇌 구조상으로는 스스로 멈출 수 있는 기제가 없습니다. 그리고 점점 더 목마르게 됩니다. 그러니까 이거는 수사학이 아니고, 요즘 많이 대중화되고 있는 뇌과학만 봐도 절대 만족이란 없다는 거죠. 그것만 향해 달려가면.

그러고 나서 더 많이 얻고 더 많이 누린 다음에 오는 건 반드시 허무예요. 이것도 아주 그냥 보편적인 코스입니다. 나는 아닐지도 몰라, 일단 가지고 봐야 되겠어, 대개 이렇게 생각할 텐데 이것이 바로 인간에 대해 잘 모르는 거죠. 누구나 그렇습니다. 공평하게 그렇습니다. 누구도 멈출 수 없고, 더 목마르고, 마지막에는 허무에 몸부림칩니다. 그래서 그 상태에 있는 존재를 의역학적으로 보면 '자기와의 완벽한 소외'라고 할 수 있어요. 사회적 성취를 이루고, 지식과 지성을 누리는 것이 결과적으로 삶을 질식시키고 있는 거죠, 이미. 내가 내 삶에서 소외되어 있고, 그러면 자기와 소통하지 못하는데 타인과 공감하기란 불가능합니다. 그래서 세계와 단절되는데, 인간이 가장 두려워하는 게 소외와 단절이거든요. 그 순간 허무는 뼛속까지 침투하게 되어 있습니다. 이제부터는 이걸 좀 구체적인 예로 알려 드리고 싶어서 중국이 자랑하는 고전인 『서유기』와 조선의 대표적 고전인 『구운몽』을 가지고 이야기해 보겠습니다.

폭력으로 치닫는 손오공과 에로스의 화신 성진

『서유기』는 지금도 영화, 예능 등으로 계속 유통되고 있어서 너무너무 대중적인데, 저는 솔직히 그 작품들을 도저히 못 보겠어요. 저거는 손오공이 아니에요. 손오공이 어떤 여자를 위해서 막 날아다니고 신공을 제멋대로 발휘하고 이런 거는 『서유기』를 읽어 보면 절대 나올 수 없는 상상력입니다. 그러면 손오공은 어떤 캐릭터냐. 인간이 원하는 힘, 무소불위의 힘을 자기의 노력과 수련으로 다 터득한 존재예요. 그러면 인간의 힘이 어디까지 뻗어 나갈 수 있겠습니까. 근두운을 타면 시공을 넘나들죠. 그리고 여의봉을 갖고 있어요. 여의봉이 귓속에 들어 있는데 이걸 휘두르면 뭐가 됩니까. 그냥 미사일입니다. 아무도 건드릴 수가 없어요. 그리고 72가지 변신술이 있어요. 완벽하죠. 한데, 이런 존재가 죽음이 다가오니까 '나는 죽고 싶지 않다'고 염라대왕한테 가서 장부를 다 바꿔 버렸어요. 그래서 불멸을 얻었어요.

무소불위의 힘과 불멸. 아마 모든 사람들이 바라는 욕망이겠죠. 그야말로 꿈이라고 할 수 있어요. 이걸 다 갖게 된 손오공이 그다음에 무엇을 했을까요. 여러분이라면 무엇을 하고 싶습니까? 72가지 변신술, 근두운, 여의봉, 그리고 불로장생. 다 되었어요. 그다음에 뭐하실까요? 여자를 사랑합니까? 인류를 구하나요? 그다음엔? 아무것도 할 게 없어요. 없는데 힘이 넘쳐요. 그러면 그 힘은 바로 폭력이 됩니다. 온 천하를 다 때려 부숩니다. 용궁을 다 망가뜨리고 염라대왕을 무릎 꿇리고 그다음에 하늘로 가서 옥황상제와 맞장을 뜨는 거죠. 그러니까 이게 뭡니까. 힘을 갖고 불멸을 얻게 되었는데 이걸 감당할 수 있는 지혜가 없을 때 분노조절장애가 오는 거예요. 그거 말고 다른 게 없습니다. 분노가 조절이 안 돼요. 힘이 넘치니까.

그러면 이제 이 방향이 하나 있고, 『구운몽』의 성진은 에로스의 화신입니다. 성진이라는 수행자가 어느 날 용궁을 다녀오다 팔선녀를 만났어요. 너무 황홀해서 '수행을 해서 뭐하나', 이런 생각을 하다가 한바탕 꿈을 꾸는데, 그 꿈속에서 양소유로 태어납니다. 그러면 이 청년의 꿈은 뭡니까. 팔선녀와 다 사랑을 나누는 거예요. 자, 그러면 어떻게 해야 될까요? 팔선녀를 골고루 다 만나야 되겠죠. 그런데 팔선녀가 어느 한 마을에 동시에 쌍둥이로 태어난다든가 이러면 금방 끝나는데 천하에 골고루 태어난 겁니다. 그러면 방법은 내가 입신양명해서 출세를 하는 거죠. 그래서 과거를 보러 가면서 만나고 궁중에서도 만나고 합니다.

『서유기』의 모델이 된 당나라 승려 현장(그림 왼쪽)과 『서유기』의 주인공인 손오공.

그런데 공부를 했다는 내용은 전혀 없는데 시험만 보면 무조건 장원이죠. 언제 했는지 모르겠어요. 이런 게 꿈이죠. 장원급제. 명문장이 막 쏟아져 나오죠. 그리고 무예를 닦았다는 기록이 하나도 없는데 대장군이 되어서 오랑캐를 다 정벌합니다. 그러니까 이 과정에서 팔선녀를 만나는 게 핵심입니다. 그래서 다 만났어요. 팔선녀는 너무너무 개성이 넘치고 매력적인 여성들인데, 그 여성들이 양소유만 만났다 하면 운명의 파트너라며 뒤도 돌아보지 않고 달려갑니다. 밀당을 할 필요도 없는 거죠.

자 그래서, 여덟 명의 여인과 사랑을 나눈 다음 정리를 했어요. 두 사람은 부인이고 나머지는 첩이다. 2처 6첩으로. 그러면 우리 시대의 감각으로는 삼각관계만 되어도 혈투가 벌어지지 않습니까. 그런데 여덟 명의 여성들이 양소유를 공유하는 데 눈곱만큼도 불만이 없어요. 너무 행복하다는 거예요. 애초부터 여덟 명이 애틋한 자매애로 맺어져 있었으니까요. 삼각관계는 막 싸우는데 이렇게 많아지면 그냥 평화협정이 되나? 이런 생각이 들더라고요.(^^) 생각해 보니 적이 한 명일 땐 막장으로 싸우는 것 같아요. 하지만 한 일

서울대학교 규장각에서 소장하고 있는 『구운몽』 한글 필사본.

아니라, 그 정도 스케일은 돼야 가치가 있어, 이렇게 전제를 하는 겁니다.

게다가 그런 일을 해도 외모가 멋있어야 해요. 이게 저는 청년들을 정말 괴롭히는 꿈이라고 생각합니다. 키가 크고 잘생겨야 된다. 그런데 또 말도 잘해야 돼요. 그런데 지금 청년들은 말을 잘 못합니다. 유머감각이 진짜 없어요. 그래서 사실 학교에서는 유머만 잘 가르쳐도 사회 나가서 적응하는 데 큰 자산이 됩니다. 어차피 취업 안 되잖아요. 취직 못 시키잖아요. 노력을 해도 안 돼요. 그러면 신체를 유연하게 만들고, '그런 가치 따윈 필요 없어'라고 내려놓게 해야 되는 거죠. 그런데 취직도 안 되는 상황인데 '내가 잘 산다는 건 키 크고 잘 생기면서 학벌이 좋고 돈도 많이 벌면서 뭔가 거창한 목표가 있어야 해', 이런 게 꿈이라고 생각해요. 적어도 그 비슷하게 살아 줘야 나는 잘 살고 있어, 라고 스스로에게 말하게 된 거예요. 한마디로, 손오공하고 양소유처럼 살아야 된다고 생각하는 거죠.

그걸 엇비슷하게 이룬 사람들이 있어요. 가끔 있죠. 백만 명 중에 한 명 정도 있습니다. 그런데 그분들

“

어차피 취업 안 되잖아요. 취직 못 시키잖아요. 노력을 해도 안 돼요. 그러면 신체를 유연하게 만들고, ‘그런 가치 따윈 필요 없어’라고 내려놓게 해야 되는 거죠.

이 마주치는 건 뭡니까. 허무예요. 지독한 고독과 허무에 부딪치는데 그렇다고 말을 못해요. 왜? 꿈을 다 이루었는데 외롭다고 말하면 안 믿거든요. 그래서 우리가 아이돌 스타들이 정말 알 수 없는 이유로 스스로 삶을 거부하는 안타까운 상황들을 계속 목격하는데 저는 그게 바로 그 증거라고 생각해요. 사실 요즘은 청년들뿐 아니라 중년들까지도 다 그런 식의 패턴에 빠져 있어요. 이제는 덜어 내야 한다고 생각합니다. 자의식, 자아에 얹어 놨던 모든 의미와 가치들을…. 이걸 덜어 내야 삶이, 자신의 모습이 있는 그대로 보이지 않을까요?

그런데 이런 것을 지식을 많이 쌓아서 할 수 있을까요? 지식을 많이 쌓으면 기술의 확대로 가게 되겠지요. 그러면 지성으로 될까요? 사회 민주화나 진보를 위해서 무언가를 하는 것, 그것도 나름의 의미는 있지만 그걸로 고독과 허무를 근원적으로 해결할 순 없어요. 그냥 물질적 분배, 공정한 복지를 확대하는 정도일 뿐, 진정한 인간의 교감은 가능하지 않거든요. 그래서 방향을 지혜로 바꾸어야 할 때가 오지 않았나 합니다. 근원적인 질문을 하는 게 필요하다는 겁니다.

생명과 우주, 이렇게 방향을 바꿔 질문을 던져야 나라고 하는 이 개별적 자아에서 자의식과 의미, 가치 이런 것들을 덜어 낼 수가 있어요.

존재론적 질문과 지혜와의 접속

그래서 이런 질문을 하는 순간 나는 세계가 됩니다. 왜냐면 나의 자의식을 그대로 고수하면서 '생명이 뭐지?'라는 질문은 나올 수 없어요. '생명이 뭐지?'라고 묻는 순간 생명이 펼쳐지는 우주, 자연에 대해서 물을 수밖에 없어요. 그러면 나로부터 벗어나게 됩니다. 그 순간 나라는 존재는 세계가 되는 거죠. 그래서 저도 고전을 배우지 않았다면 정말 자괴감에 빠지고, 꼭 살아야 되나 이런 생각을 할 것 같아요. 지금 시대 분위기로 보면…. 그런데 정말 운 좋게도 고전과 접속을 하게 돼서, 고전에서 이 존재와 세계를 탐구하는 방식을 조금 배우게 된 거죠.

동양에서의 우주론·존재론의 토대는 유교, 불교, 도교입니다. 그 중에서도 가장 기본이 되는 『주역』을 보면, 그 핵심은 '세계는 끊임없이 변화한다', '변하는 것만이 진리'라는 거예요. 모든 게 움직여요. 그렇게 계속 움직이면 인간이 단 한 걸음도 예측할 수 없으니까, 인간이 포착 가능한 사건과 현상 64가지, 그 이치를 깊이 깨달아서 제시한 거죠. 64개의 현상 안에서 존재의 리듬이 변한다, 그리고 하나의 괘는 그 안에 여섯 개의 순서를 지니고 있다는 겁니다. 그러니까 제일 좋은 괘라고 해도 그 괘 안의 여섯 단계에는 길흉화복이 다 있어요. 아무리 흉한 괘에도 길흉화복은 다 있어요. 이것이 우주가 움직이는 원리라는 거죠. 이걸 쉽게 해석하면 모든 현상에는 봄, 여름, 가을, 겨울이 있다는 겁니다. 인간은 어쨌든 봄, 여름, 가을, 겨울을 통과해야지, 봄, 여름, 여름, 여름, 이렇게 살 수는 없어요. 그럴 거면 이미 이 세계에 던져지질 않습니다.

이 리듬을 어떻게 밟을까, 그것이 『주역』의 법칙입니다. 이 법칙을 밟는 것을, 우선 유불도라는 동양사상의 핵심 줄기들을 통해서 살펴볼 수 있습니다. 우선 공자는 50대에 『주역』을 읽고 너무 기뻐서 정말 열심히 공부를 했습니다. 그래서 『주역』에 대한 주

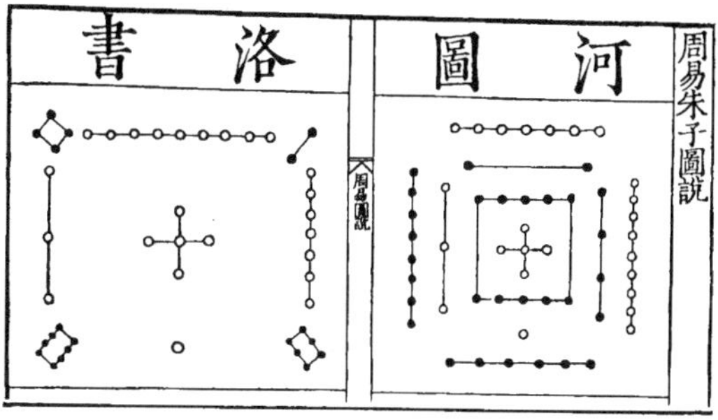

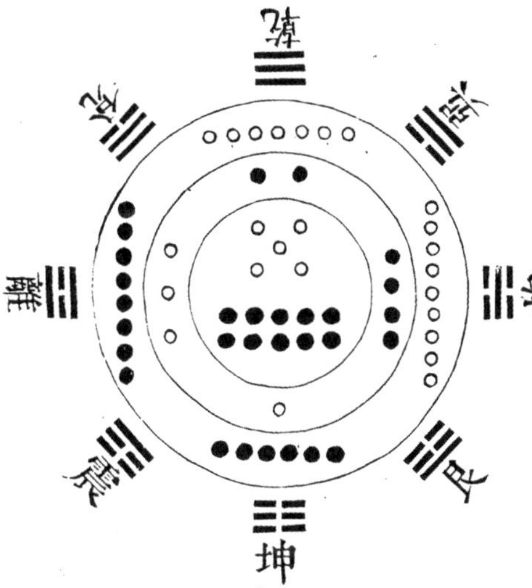

복희씨가 황하에서 얻었다고 전해지는 '하도'(위 오른쪽)와 우임금이 낙수에서 얻었다고 전해지는 '낙서'(위 왼쪽). 복희씨는 '하도'를 가지고 『주역』의 기초가 되는 팔괘를 만들었다고 한다(아래).

석을 열 가지나 달아서 남겼어요. 우리가 보통 공자의 윤리, 동아시아 사람들이 공유하는 공자의 윤리를 '인'(仁)이라고 말하는데 인은 봄에 만물을 살리는 힘이라고 볼 수 있습니다. 그러니까 '어질고, 착하고, 충실하고…', 이런 인간적 범위 안에 있는 것이 아니고 천지만물을 살리는 힘이에요. 그러면 이게 어떻게 보편적인 인간의 윤리가 되는가. 인간은 궁극적으로 천지만물과 교감해야 한다. 그게 인간이 지향해야 하는 바라는 거죠. 거기서 공자의 사상이 나왔어요.

한편 불교는 아예 이 무상한 세계 안에서 자아는 없다고 말합니다. '나'라고 해서 붙들 수 있는 실체, 고정된 어떤 욕망 그리고 '이걸 꼭 이루어야 된다', 이런 것은 없는 거예요. 그야말로 자아를 해체하는 지혜인 거죠. 이렇게 해체하지 않으면 인간은 전쟁과 폭력을 멈추지 않습니다. 자기가 그 허무의 희생자가 될지언정, 희생자가 되는데도 불구하고 말이죠. 그리고 도교라고 하면 노자, 장자를 떠올리고 무위자연을 흔히 말하는데요. 도교에서 말하는 무위자연도 자연의 리듬을 터득해서 변화와 일치한다, 이것이 핵심이죠.

이게 동양사상의 기본 매트릭스입니다. 공자의

인, 불교의 무상, 무아와 도교의 무위자연, 이것이 BC 5세기 즈음에 동시에 출현해서 인간에게 새로운 사유의 길을 열어 줬어요. 그걸 바탕으로 수많은 철학적 사상이 생겨나고 보통 사람들이 자기 삶을 영위해 왔던 거죠. 그 외에 기술지, 문명지 이런 것들이 서로 순환을 했던 겁니다. 지금 우리는 기술과 문명이 고도화될수록 바로 지혜라고 하는 흐름과 접속해야 하는데 그러기 위해서는 다시 2,500년 전으로 돌아가야 합니다. 그리고 사실 인류 역사에서 2,500년은 굉장히 짧은 시간입니다.

삶은 그 자체로서 충분하다!

이런 3G의 인드라망 속에서 '왜 존재해야 하지?', '삶의 목적과 가치가 뭐지?', '어떻게 살아야 되지?' 라는 질문을 해야 하는데, 여기에 대한 자연의 응답은 간단합니다. '삶은 삶 그 자체로서 충분하다'라는 겁니다. 다른 의미를 거기에 더 보탤 필요가 없어요. 사실 우리가 태어나서 무얼 갖고 싶어하고, 의미를 부여하고, 열정을 가지고 무얼 합니다. 그런데 봄, 여름까지 그렇게 하는 거고, 가을과 겨울이 되면 이것들을 하나씩 덜어 내는 거예요. 그래서 가장 완전한 죽음, 아름다운 죽음은 삶에 어떤 회한도 없고 바라는 것도 없는 상태, 그냥 이 죽음 자체로 충분한 것입니다. 이것이 바로 지혜의 인드라망입니다.

그러니까 목적과 가치, 의미 같은 것이 필요 없는 거예요. 우리가 특정 시기에 그것에 탐착할 순 있지만 그다음 단계가 오면 반드시 하나씩 덜어 내야 합니다. 우리를 살리고 있는 태양과 달과 별들은 끊임없이 무언가를 살리고 죽이고 살리고 죽이지 거기에 어떤 의미를 부여하지는 않거든요. 그래서 우리는 그동안 기술지와 문명지의 패러다임 안에서 너무 오랫동안 살고, 굉장한 수준의 물질적 부에 이르고 나니까 각 개인들이 너무 많은 책임과 자의식을 짊어지게 된 거예요. 그렇게 해야만 삶의 가치가 있다고 하는 식으로 말이죠.

그래서 제 생각에 앞으로 청년들도 일자리는 안 생길 것 같고요, 중년은 노동에 지쳤고요, 노년은 정년퇴직 했는데 시간이 너무 많고요. 그래서 백수로 사

"

근원적인 질문을 하는 게 필요하다는 겁니다. 생명과 우주, 이렇게 방향을 바꿔 질문을 던져야 '나'라고 하는 이 개별적 자아에서 자의식과 의미, 가치 이런 것들을 덜어 낼 수가 있어요.

는 게 21세기의 존재론이라고 저는 믿습니다. 믿습니다!(^^) 그러면 백수는 무엇을 해야 되는가? 근원적 질문을 하는 거예요, 근원적 질문. 그러니까 정보를 찾고 사회적인 문명지 안에서 노는 건 정규직이 하는 거예요. 그건 정규직들에게 맡기고 백수는 지혜의 파동에 접속한다, 그러면 지금까지 이룬 문명과 기술을 근본적으로 바꿀 수 있는, 그 배치를 바꿀 수 있는 그런 길이 나오지 않을까 합니다. 그러기 위해서는 삶에는 삶 그 자체 말고 다른 가치와 의미가 필요 없다는 것, 이 앎과 접속을 해야죠.

이 앎은 침묵과 영성의 세계이기 때문에 지평선 같은 거예요. 지평선은 달려갈 순 있지만 도달하지는 못합니다. 도달할 필요도 없고요. 그래서 끝없이 인간이 묻고 또 물으면서 한걸음씩 갈 수 있는 그 길이 저는 앎의 지평선이라고 생각합니다. 그리고 그 지평선에 접속할 때 그것이 바로 우리가 지혜라고 하는 이 우주의 파동과 마주치는 지점이 아닐까 하고 생각합니다. 여러분들도 근원적인 질문을 던지면서 이 앎의 지평선을 향해 달려가시기를 바랍니다.

두번째
특강

에로스와 로고스의 향연

청년과 에로스

이번 강의에서 제가 여러분께 들려 드리고 싶은 주제는 에로스와 로고스라고 하는 건데, 자, 왜 에로스와 로고스라는 주제를 설정하게 됐는지 먼저 청년에 대한 얘기부터 풀어 가 보겠습니다. '청년' 하면 무슨 단어가 뒤에 붙어야 될 것 같아요? 실업, 백수, 취준생, 또 뭐가 있죠? 혼밥족, 혼술족, 연애 포기, 무슨 포기…, 다 포기하고 그냥, 다포세대죠. 이런 이야기들이 굉장히 음울하게 우리 시대를 지배하는데 그것에 대한 대안은 사실 또 더 음울해요. 결국 일자리 문제, '어떻게든 애를 낳게 만들겠다', 이런저런 복지 예산…. 뭐 이런 식으로 전부 다 공통적으로 노동과 화폐가 기준이에요.

그런데 이걸 한번 잘 생각해 보세요. 사람이 노동을 하기 위해 태어납니까? 또 돈을 위해서 평생을 사는 게, 그게 좋은 삶입니까? 그런데 하물며 청년이 그렇게 산다면, 노동과 화폐가 청년의 삶을 다 지배한다면 그거 자체가 이미 출구가 없는 거예요. 그런데 세계의 정치인, 경제지도자들이 문제를 진단하거나 풀어 가는 방법도, 그게 성공하든 실패하든 다 청년을 노동과 화폐의 소용돌이 안으로 몰아넣기만 하고 구출할 생각은 하지 않습니다.

자, 그렇다면 우리는 언제까지 그런 걸 해야 될까요? 언제까지. 제가 어렸을 때도 항상 세상은 어둡고 힘들고 올해가 가장 위기라고 했어요. 그래서 그걸 믿고 올해만 잘 참으면 평화가 오나 보다, 그래서 계속 참았어요. 근데 언제부턴가 또 경제가 계속 위기라고 하는 거예요. IMF 때 그러고, 그다음에 2008년에 그러고, 지금도 여전히 그러고 있거든요. 그럼 도대체 언제 우리는 돈으로부터 자유로워지고 노동으로부터 벗어난 삶을 살 수 있습니까? 여러분 다음 세대는 가능할까요? 그래서 이제 그만 이런 식으로 생각하고 말하는 걸 멈추고 좀 다른 관점에서 청년 담론을 접근해 보자는 겁니다.

청춘, 인생의 봄!

그러면 무엇을 기준으로 해야 되는가? 문명과 정치경

제, 이런 것들이 우리 삶에 어떤 출구를 주지 않는다면 이제는 당연히 자연, 생명, 그리고 우리의 몸, 이런 근원적인 문제로 들어가야 돼요. 우리는 생명을 가진 존재고 이 생명은 몸이라는 현장에서 일어나고 있는데 우리가 이 몸에 대해서는 너무 모르잖아요. 여러분이 알고 있는 몸은 아마 외모하고 수치일 거예요. 몸무게나 키 같은, 숫자로 표현되는 수치. 그러니까 '몸을 소중히 여긴다' 그러면 얼굴을, 이목구비하고 수치를 소중히 여기는 거예요. 근데 이 얼굴의 기준도, 또 몸매의 수치도 정해져 있죠. 다 아이돌을 기준으로 정해져 있잖아요. 우리나라 젊은이들이 다 아이돌 같은 몸매를 가지면 정말 세상이 위험해집니다. 그러면 이 세상이 아마 살아가기가 너무너무 힘들어질 거예요. 거기에 어떤 휴식이 있고 거기에 어떤 평화가 있어요? 늘 그 몸매를 조이고 사람들에게 섹시하게 보이기 위해서 전력을 기울여야 하는데.

자, 그래서 '우리는 진정으로 우리 자신을 알고 있는가?', 이런 질문을 던져야 합니다. 어떤 철학자는, 현대인은 자신으로부터 가장 먼 존재라고 했어요. 그러니까 너무 많은 걸 알지만 자기 자신에 대해서는 전혀 모른다는 거예요. 여러분도 마찬가지예요. 여러분 자신을 얼마나 알고 있습니까? 아니, 알려고 하고 있습니까? '나를 알고 싶다', 이런 질문이 있어요? 다 바깥에 있는 정보로 나를 그 안에 끼워 맞추는 거예요. 그러면 나는 뭐냐면, 도구화되는 거예요. 자, 그러면 청년이 이렇게 청춘을 도구화하면 언제 인생을 인생 자체로 즐길 수 있습니까? 결혼한 다음에, 중년이 된 다음에, 노년이 된 다음에, 죽기 직전에? 죽은 다음에 하실 거예요? 사후에? 그런 시간은 영원히 오지 않습니다.

그래서 정말 청년 담론의 기준을 바꿔야 하는 시대가 저는 도래했다고 생각해요. 그래서 이제 자연, 생명, 우리의 몸, 우리의 무의식, 이런 것들을 기준으로 삼을 때 그곳에 어떤 지도가 그려지는지를 봐야 합니다. 우리는 봄, 여름, 가을, 겨울이 없는 곳에서 살지 않습니다. 어디를 가도 시간 공간이 다 사계절로 펼쳐져요. 그래서 이 세상이 사계절이라면 인생도 사계절이에요. 청춘, 중년, 장년, 노년, 이게 봄, 여름, 가을, 겨울이죠. 그러면 청년은 당연히 청춘이에요. 그래서 봄 춘(春) 자를 써서 청춘이라고 해요. 그러면 봄이라는 게 무엇인가를 잘 살펴보면 지금 청년들이 어떻게 살아야 하는지가 답이 나옵니다. 봄이 뭡니까? 얼어붙은 땅을 뚫고 이렇게 막 솟아오르는 거죠. 'spring'이라고 그러잖아요. 그리고 동양에서는 동청룡이라는 별들이 뜨면 봄이 오는 거예요. 동쪽에서 바람이 불어와 겨우내 언 대지를 녹이면서 흔들어 놓고 그 흔든 틈, 그 균열된 사이에 초목이 막 생성되는 거예요.

이게 바로 청년이거든요. 청년의 몸에도 이런 현상이 일어납니다. 생리적으로. 10대 중반, 열대여섯 살부터 20대까지는 온몸에서 겨울의 대지가 막 흔들리면서 초목이 생성되듯이 뭔가가 막 솟구쳐요. 청년들은 매일매일 그걸 느낄 겁니다. 이렇게 뭐가 움찔움찔하지 않아요? 그리고 근질근질하고. 그리고 자꾸 뭔가를 향해 달려가야 될 것 같고, 무슨 일이라도 저질러야 될 것 같은 그런 생리적인 어떤 변화, 이게 청춘인데 이것을 바로 에로스라고 할 수 있어요. 그러면 이 에로스를 동력으로 삼아서 세상을 향해 달려가는 거예요. 그게 청춘이에요. 인생의 봄이에요.

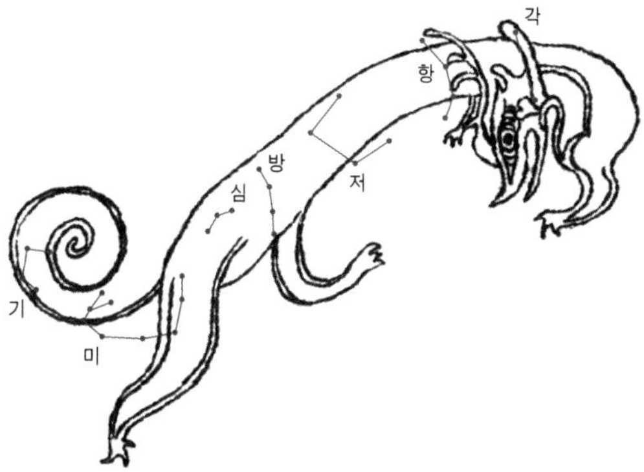

동양의 별자리 중 동쪽에 자리잡은 동방청룡 7수(각항저방심미기).
봄과 청춘을 상징한다.

하지만! 무력하고 공허한 청춘!

자, 그런데 우리 시대 청년들은 너무 뭐라고 할까, 얌전하다고 말해야 되나? 너무 적막하다고 해야 되나? 그래서 고민을 물어보면 무기력이라고 말합니다. 그리고 인생이 공허하다고 말해요. 여기 계신 분들도 그런 걸 많이 느낄 거예요. 그러면 이건 봄이 아니죠. 봄은 그런 시간이 아니거든요. 그러면 왜 이렇게 무기력하고 공허한 청춘이 많아졌을까요? 지금 대학들은 너무 아름답고 캠퍼스도 참 좋아요. 가는 곳마다 너무 시설이 좋아요. 정말 친환경에 최고의 첨단시설이 있단 말이에요. 이렇게 물질적으로 풍요롭고…, 외모적으로 봐도 제가 대학 다닐 때하고 완전히 달라요. 인종 개량이 됐다고나 할까. 너무 잘생기고 너무 늘씬해요. 예전에는 6등신도 찾기가 힘들었는데, 지금은 막 기본적으로 7등신, 8등신, 심지어 9등신까지….

그런데 외모, 그러니까 겉이 이렇게 아름다워졌는데, 왜 이렇게 속이 공허해졌을까요? 왜 봄을 누리지 못할까요? 그래서 제가 분석을 해봤어요. 도대체 왜 그런가? 첫번째는 제도랑 시스템이 너무 지나쳐요. 이런저런 규제가 너무 많아요. 또 하나는 서비스랑 케어가 또 지나쳐요. 그러니까 한쪽은 과도하게 어린애 취급을 하고 또 한쪽은 너무너무 많은 것을 즐기라고 부추깁니다. 그러니까 지금 청년들도 아마 이 둘 사이에서 오락가락할 거예요. 취업을 위해서는, 미래를 위해서는 알바를 하고, 뭘 하고…. 엄청나게 많은 걸 하라고 요구하는데, 근데 돈만 가지고 가면 백화점이나 어디나 그냥 막 흥청망청 쓰라고 요구하죠. 그러니까 학교에선 스트레스가 엄청 쌓이고 인터넷이나 TV를 보면 주구장창 뭘 먹으라 그러고, 주구장창 뭘 사라고 그러고, 상품이 너를 천국으로 인도할 거라는 말, 주문을 수도 없이 되뇝니다. 어느 장단에 춤을 춰야 됩니까? 참아야 됩니까, 질러야 됩니까? 예? 참았다, 질렀다, 참았다, 질렀다 이러죠. 이래서 정신이 너무 어지러워지는 거예요. 조증, 울증을 계속 왔다갔다 하는 거예요. 그래서 어떻게 되냐면 알바를 6개월 해서 알뜰살뜰히 돈을 모았다 한꺼번에 확 질러 버리죠. 이건 좀 변태적인 케이스죠. 그러다가 돈이 똑 떨어지면 삶이 너무 지루해. 권태에 찌들어요. 변태와 권태를 왔다갔다하고 있는 겁니다, 지금. 그러니까 이런 몸으로는 삶의 주인이 될 수가 없어요.

주인이 된다는 건 능동적으로 산다는 거예요. 수동적인 게 아니고. 뭘 사라고 해서 사는 게 아니라 내가 선택을 해야 된다는 겁니다. 그리고 자율적이어야 돼요. 어디에 말려 들어가면 안 됩니다. 그러니 맨날 남탓을 합니다. 남이 어쩌고, 남이 사라고 해서, 남이 이렇게 원하니까…. 타인의 시선이 거의 그냥 뼛속까지 스며들어 있어요. 그러니까 능동적으로 무슨 활동을 펼치지도 못하고 나의 자율성을 지키지도 못해요. 이렇게 살다 보면 늘 '난 누구, 여긴 어디' 이런 현대판 고사성어를 맨날 외치는 거죠. 말하자면, 열심히 가고 있는데 자기가 어디로 가는지 몰라요. 이런 캐릭터를 뭐라고 합니까? 좀비라고 하죠, 좀비. 좀비가 왜 갑자기 이렇게 모든 대중문화에 등장했을까요? 여기 분명히 이유가 있어요. 좀비는 몸을 잘 못 움직이지만 열심히 앞으로 가고, 또 무엇보다 구강구조가 발달했거든요. 먹는 거예요. 뭐가 됐건 무조건 물어뜯는 거예요. 그러니까 이런 게 제도와 서비스에 의존해서 형성되는 현대인들의 신체의 회로예요. 그러면 자기 자신의 주인이 될 수도 없고 자기가 누군지 모르고, 특히 청춘의 에로스는 완전히 침묵되어 버립니다. 청춘으로 살 수가 없어요. 그러니까 청년들이 무력하고 공허하다는 말을 하는 거죠.

청춘의 에너지를 발산하라!

자, 그래서 청년문화를 되살리려면 에로스가 다시 분출하고 약동해야 돼요. 그러니까 취업률을 높이고 경제성장을 약속하고 일자리를 보장할 때가 아니에요. 청춘답게 살게 해줘야 해요. 그러려면 에로스가 필요합니다. 그러니까 에로스가 뭐예요? 에로스 그러면 연애, 성 이런 게 먼저 떠오르지만, 그건 생명의 원동력이에요. 거기에서 시작해서 타자를 향해서 맹렬하게 돌진하는 힘입니다. 그러니까 뭐 움찔움찔하고 막 근질근질한 건 뭐냐면 지금 세상이 너무나 궁금하고 호기심이 가득 차고, 그다음에 만나는 사람마다 다 신기한 거죠. 제가 어렸을 때는 그랬거든요. 남녀공학이 없었으니까 고등학교 때 다 여고와 남고를 다니면 도대체 이성이라는 건 선생님들 말고는 볼 수가 없고,

입시공부만 하다가 대학을 옵니다. 그러면 '오 드디어 남자다, 드디어 여자다' 이러면서, 만나면 너무 신기한 거예요. 외모가 어떻게 생기고 이런 걸 따질 겨를이 없이 서로가 서로에게 그냥 막 끌리는 식의 생리적인 변화를 겪거든요. 너무 신기한 거예요. 남학생은 여학생이, 여학생은 남학생이.

지금은 그런 호기심과 경이로움을 잃어버렸어요. 이게 굉장한 시대적인 약점이라는 걸 알아야 돼요. 거기에다가 이성에 대한 욕망이 너무 지독하게 탐욕스러워졌어요. 그게 드라마가 준 또 하나의 주술입니다. 제가 자주 이야기했듯이, 별에서 '그 놈'이 온 이후, 태양이 갑자기 자식을 낳아서 태양의 후예가 등장한 이후, 거기다가 또 '구르미' 뭘 그리고…. 그래서 남자들이 너무 예뻐진 거예요. 이걸 어떻게 하면 좋죠, 도대체. 남자 주인공들이 얼굴이 작고 키가 크고 이목구비가 여성보다 예뻐졌어요. 여성들은 대오각성을 해야 됩니다, 이제. 이런 남자를 이길 수가 없어요. 미모로 남성을 사로잡겠다, 이런 것은 언감생심이죠. 어떻게 송중기보다 피부가 좋을 수가 있겠습니까? 박보검보다 더 곱상하게 생길 수가 없어요. 그 옆에 가면 어

떤 여성도 다 그냥 장군감이 되어 버려요.(^^)

그럼 어떻게 해야 하나? 여성이 외모에 대한 스트레스로부터 벗어나서 당당하게 신체의 능동적 에너지로 사랑의 주체가 되어야 해요. 이런 길을 가야 됩니다. 그러니까 이미 남성성, 여성성이라는 고정된 경계가 사라지고 있거든요. 그런데 여전히 여성들은 그런 남성의 사랑을 받겠다, 이런 전제를 가지고 있으니 에로스가 지독한 억압을 겪겠죠. 그래서 나를 꾸미는 것에 골몰을 하면 신체에 엄청난 소외가 일어납니다. 거기서 오는 건 공허예요. 내가 아무리 예뻐져도 이건 끝나지 않는 문제입니다. 결핍만 생겨요. 또 남학생도 마찬가지죠. 그렇게 자기를 뽐내기 시작하니까 같은 남성이 경쟁자가 되어 버리는 거죠. 그러니까 남성들도 지금 너무 힘들 거예요. 피부관리도 해야지, 복근도 만들어야지, 명품 브랜드의 옷도 입어야지.

그런데 도대체 무엇을 위해 이렇게 하는가? 이런 걸 자신에게 물어야 됩니다. 이렇게 할수록 청춘의 에너지는 억압된다는 거예요. 봉쇄된다는 거예요. 그래서 그런 기준, 화폐, 소비가 제공하는 기준들을 과감하게 거절할 수 있는 용기가 필요합니다. 청년은 그런 것이 아닌 청춘의 에너지만으로도 충분해야 돼요. 다른 걸 더 보탤 필요가 없어요, 사실. 그러면 기성세대가 그때 비로소 청춘을 두려워합니다. 청년들이 이렇게 예뻐지고 자기를 꾸미고 타인의 시선에 갇혀 있으면 어린애 취급을 합니다. 뭔가 봄이 됐는데 새로운 게 생성이 안 되고 있는 거죠. 그러면 화초가 되는 거예요. 화초는 누군가가 계속 길러 줘야 되잖아요. 여기서 어떻게 청년문화가 생성될 수 있겠습니까?

무엇보다도 이 길에는 도무지 답이 없어요. 이렇게 한다고 해서 일자리가 늘어나지도 않고 경제가 성장할 리도 없어요. 자본주의는 이제 고점을 쳤기 때문에 가을로 접어들었어요. 이건 정말 요즘 많이 이야기하는 '우주의 기운'(^^)이에요. 우주의 기운은 아무도 못 막아요. 그래서 어느 나라에서도 사실상 성장을 지속할 수 있다고 말하는 경제학자는 단 한 명도 없어요. 그리고 또 하나, 불확실성의 시대에 들어간 거예요. 20세기는 모든 걸 통계와 수치로 예측할 수가 있었어요. 이제 더 이상의 예측은 불가능해요. 그러면 이 불확실성의 시대를 어떻게 살아가야 되는가? 아주 자유롭고 유연하게 살아가면 돼요. 그래서 이제 필요한 건 어떤 어설픈 스펙이 아니에요. 진짜 내 신체의 에너지예요. 이것만 있으면 이 기본기만 있으면 이 불확실성의 시대를 아주 유연하게 헤쳐 나갈 수 있습니다. 그래서 자기 신체를 정말로 소중히 여겨야 되는데 청년은 그 무엇보다 에로스적인 활력을 절대로 억압, 봉쇄하지 말고 그 야생성을 꽃 피우라고 꼭 당부하고 싶어요.

에로스적 충동과 로고스적 비전의 결합

이렇게 에로스를 가지고 타자를 향해 돌진하는데, 경험도 없고 노하우도 별로 없어요. 그러면 그 안에서 무수히 많은 좌충우돌이 일어나게 됩니다. 그래서 뭘 하든 다 실수투성이가 돼요. 이 실수를 두려워하지 않는 게 에로스예요. 그러니까 에로스적인 충동이 이렇게 몸에서 막 솟구치면 그냥 끊임없이 세상을 모험할 수 있게 되는 건데, 그것은 뭔가 계산하고 목표를 먼저 설정하지 않는 거예요. 다들 지금 불안한 이유는 목표를 설정해 놓고 그 목표에 도달하지 못할까, 이렇게 생각하니까 꼼짝도 못하는 거죠. 그런데 사실 그 목표라는 게 너무너무 한심하죠. 결국 화폐의 양이거든요. 잘 생각해 보세요. 정말 움켜쥐려고 하는 게 무엇인가. 어떤 관계, 활동, 내 삶의 비전이 아니라 화폐의 양이라고요. 그러니까 불안한 거예요. 그러면 화폐가 있으면 안 불안해집니까? 그러면 그렇게 많은 돈을 가진 사람들은 왜 저렇게 이상한 짓들을 합니까? 우리가 매일같이 보고 있잖아요. 매일같이. 저렇게 많은 돈을 가지고 저렇게 대단한 지위에 올랐는데 왜? 그 마음에 단 한 순간도 평화가 없기 때문이죠. 돈과 권력만을 좇는 것은 온몸에 불을 지르는 거예요. 그런 것들을 갖는다는 게 절대 내 삶을 돌보는 것이 아님을 몰랐던 거고 그런 교육을 우리나라에서는 한 적도 없어요. 여러분도 마찬가지예요. 절대 화폐의 양이나 내가 누리는 권력이 나에게 평정을 주지 않습니다.

그래서 이 에로스의 충동이라는 것에 내가 청춘을 맡겨 놓으면 그다음에는 목적이 없어야 돼요. 그럼 뭐가 남느냐? 사람을 만나는 거예요. 타자를 만나는 겁니다. 청춘은 타자와 접속하기 위해서 물불을 가리지 않아야 돼요. 그러니까 봄에 피어나는 꽃들을 보세요. 그냥 옆에 결합할 수 있는 건 닥치는 대로 만나는 거예요. 나무와 초목들. 그래서 닥치는 대로 타고 올라가고 닥치는 대로 그냥 뻗어 나가는 거예요. 그러다 보면 여름이 와서 자기의 꼴이 형성되는 거거든요.

그래서 사람을 만나야 됩니다, 사람을. 이성을 만나 사랑도 해야 되는데, 사랑은 특별한 한 사람에게 일어나는 사건이잖아요. 그러니까 사랑만으로는 안 돼요. 우정이 필요하고 우정의 가장 최고의 경지는 사제관계예요. 그래서 스승을 만나야 돼요. 책에서건 실제에서건 아니면 어떤 먼 시대 속에서건…. 이 사제관계를 만나서 스승과 벗이 하나가 될 때 그때 비로소 내 인생이 바뀝니다. 저도 그랬어요. 제가 제 인생을 바꾸는 큰 변곡점에서는 언제나 친구 같은 스승을 만났어요. 연암 박지원의 『열하일기』를 만났을 때도 바로 그런 엄청난 변화가 일어났죠. 그다음부터 인생이 너무 자신만만해졌어요. 세상의 어떤 가치에 휘둘릴 필요가 없어졌어요. 왜 이런 엄청난 비전과 백그라운드를 포기하십니까? 자, 그래서 이렇게 달려가는 것, 세계와 인간, 이걸 향해 달려가는 힘, 그게 에로스인 거예요.

그런데 이 에로스는 굉장히 카오스적인 힘이에

요. 청년이 물불 안 가리고 좌충우돌하는 것이 규칙적이고 예측할 수 있는 게 아니잖아요? 그러면 이 카오스를 향해 달려갈 때 거기에 어떤 리듬과 비전을 부여하는 걸 로고스라고 해요. 그러니까 청년기에는 에로스와 로고스가 함께 있어야 돼요. 로고스는 지성, 지혜, 진리에 대한 열정입니다. 청년을 가장 뜨겁게 일으켜 세우고 가장 설레게 하고, 자기 자신으로부터 떠나서 새로운 존재가 되고자 하는 그 원동력이 로고스예요. 인간은 이렇게 두 발로 서서 산 이래로, 진리에 대한 열정을 포기한 적이 없습니다. 그러니까 『서유기』의 삼장법사처럼 십만팔천 리의 길을 가고, 또 지옥 끝까지라도 갈 수 있는 힘은 로고스예요. 로고스를 가지고 그런 걸 기꺼이 감내할 수 있는 것입니다. 그래서 이 진리가 주는 신체적 기쁨을 느낀 사람들은 절대 그 이전으로 돌아가지 않아요.

그러면 대학은 그야말로 청춘의 황금기죠. 에로스와 로고스가 교차하니까. 대학은 유니버설이라는 말과 통하잖아요. 유니버설은 보편적 지성이라는 뜻이에요. 진리라는 거죠. 그것을 여기서 연마하는 게 청년들이잖아요. 그러니까 에로스적인 충동으로 로

"

사랑만으로는 안 돼요. 우정이 필요하고 우정의 가장 최고의 경지는 사제관계예요. 그래서 스승을 만나야 돼요. 책에서건 실제에서건 아니면 어떤 먼 시대 속에서건…. 이 사제관계를 만나서 스승과 벗이 하나가 될 때 그때 비로소 내 인생이 바뀝니다.

고스적 비전을 만나는 것. 그러니까 인생의 가장 최고의 절정이 바로 대학생 시절인 겁니다. 그래서 예전에는 대학을 못 간다는 게 그렇게 서러웠어요. 그래서 이제 많은 사람이 힘을 합쳐서 이렇게 많은 대학을 세우지 않았습니까? 그런데 대학생들이 에로스도 없고 로고스도 없는…. 이렇게 될 줄 몰랐죠. 그래서 어떤 분들은 내가 이러려고 그렇게 민주화운동을 열심히 했나, 뭐 이런 푸념도 하시더라고요. 대학의 민주화가 고작 이런 것이었나, 대학생들이, 청년들이, 이렇게 될 줄 몰랐다, 등등.

그런데 왜 대학생들이 이렇게 되었을까요? 그건 로고스가 없기 때문에 에로스가 살아날 수 없는 거예요. 보통 이렇게 생각을 할 거예요. 연애를 하려면 공부를 포기해야 된다고. 공부를 많이 하고 지적 성취가 높아지면 성적 매력이 떨어질 거라고요. 반대입니다. 지성이 없는데 매력이 있을 수가 없어요. 지성만이 에로스를 깨어나게 하는 거예요. 왜? 지성은 새로운 길을 열고자 하는 욕망이거든요. 가치를 생성하는 거예요, 가치. 그래서 누군가를 사랑하게 되면 그게 사랑이든 우정이든 사제간의 온정이든 서로에게 삶을 선물하려고 애써야 됩니다. 서로를 소유하고 집착하는 데 몰두하면 안 돼요.

소유와 집착에서 로고스의 네트워크로

그런데 지금은 모두가 소유예요. 친구도 소유해야 되죠. 나하고만 친해야 돼. 내 거야. 딴 사람하고 친하면 안 돼, 이렇게들 생각을 하죠. 사랑은 더 말할 것도 없죠. 그래서 '니 거' '내 거'가 판을 칩니다. 모든 노랫말이 '니 거' '내 거'예요. '내 거인 듯 내 거 아닌…', 이런 노래가사도 있죠. 그러니까 너무 니 거 내 거 하다 보니 헷갈린 거예요. 쟤가 내 건지 쟤 건지. 무슨 선문답을 이렇게 하죠? 이 노랫말들을 보고 정말 너무 슬펐어요. 이거는 에로스가 아니에요. 내 거로 만드는 데 골몰하느라 사랑은 즐기지도 못하고 있어요. 사랑을 한다는 건 신체 안에 엄청난 변화가 일어나는 건데 이 변화를 통해서 온갖 것을 실험해 봐야 돼요. 그런데 왜 '내 거'인 게 그렇게 중요합니까? 마음이 여기 있지 않으면 사랑을 할 수 없는 거고 마음이 떠나면 어차피 못 잡아요. 그러면 묶어서 같이 다닐 겁니까? 그러면 이게 재미있습니까? 그리고 계속 내 거를 확인하는데, 이걸 언제까지 해야 돼요? 연애하는 관계에서는 '널 영원히 사랑해', 이런 말도 지금 딱 순간이에요. 돌아서면 그때 다시 원점이에요. 누가 그런 말을 믿어요? 그러니까 계속 이걸 확인해야 되죠. 이런 것은 청년이 할 만한 사랑이 아닙니다. 병들었을 때 하는 거예요. 만약 상대방을 완벽히 소유하는 데 성공을 했다고 칩시다. 근데 정작 내 마음이 바뀌면 어떻게 하죠? 저 사람이 나에게 폭력을 가하겠죠. 용서하지 않겠죠. 이래서 끊임없는 스토킹과 데이트폭력이 일어나는 거예요.

소유로부터 자유로워지세요. 소유하지 않아도 사랑이 흘러넘치게 해야 돼요. 사랑은 두 사람의 에로스가 융합이 되어서 강물처럼 흘러가는 거예요. 그러면 가장 먼저 뭘 해야 되냐? 내 삶을 선물해야 돼요. 나를 사랑하는 사람이 자기 존재를 무한 긍정하게 하려면 사랑하는 대상이 참으로 멋진 사람이어야 돼요. 멋지다는 게 뭐냐면 삶 전체로 멋져야 됩니다. 그래서 내가 누굴 사랑하면 그때부터 자기 인생을 잘 돌보고 내가 뭔가 의미 있는 존재가 되기 위해 노력해야 됩니다. 이게 바로 로고스가 일어나는 순간이에요. 예전에는 연애를 시작하면 남학생들이 다 갑자기 철학자가 돼요. 근본을 알 수도 없는 철학서들을 마구 베껴서 편지에다가 씁니다. 니체, 쇼펜하우어, 헤겔, 칸트. 한 페이지도 못 읽으면서 그런 걸 막 쓰고, 꼭 편지를 쓴 다음에 그 끝에는 시를 또 베껴 씁니다. 갑자기 시집을 읽는 거예요. 그래서 연애를 하는 순간은 철학자가 되고 시인이 되는 순간입니다. 하지만 연애는 느닷없이 왔다가 느닷없이 끝나는 거예요. 뜬금없이 왔다가 그냥 후다닥 끝나 버려요. 뭐가 휙 지나갔는데 뭐가 지나갔는지 모르겠다, 이런 게 청춘의 연애입니다. 허무하죠. 그럼 뭘 남기냐면 나에게 철학과 시를 남기죠. 그래서 로고스가 남는 거예요.

저도 고등학교 때 수학 선생님을 짝사랑한 적이 있었는데, 선생님께 접근할 방법이 수학을 잘하는 것밖에 없다, 그렇게 생각하고 모든 수학 풀이를 다 외워 버렸어요. 당연히 수학 성적이 엄청 올랐죠. 그래서 선생님과 좀 친해졌나 싶을 즈음에 마음이 그냥 사라져 버렸어요. 그래서 너무 황당했죠. '이게 뭔가, 그렇게 열렬히 원했는데 이 욕망이 갑자기 어디로 사라졌을까?' 이게 에로스, 사랑이 가지고 있는 아주 카오스적인 흐름이거든요. 자기도 몰라요. 그런데 사랑은 갔어도 수학이 남았죠. 그때부터 수학을 너무 사랑하게 됐어요. 그 선생님을 사랑할 때의 진도가 로그와 수열이었거든요. 그래서 지금도 로그를 보면 좀 설레곤 해요.(^^) 그러니까 그 선생님은 기억이 안 나는데 그때의 내 마음, 내 마음의 파동이 이렇게 흔적을 남긴 거죠.

그래서 그때부터 '아, 누구를 좋아하는 건 내 뜻대로 되는 게 아니고 떠나는 것도 내 뜻대로 되는 게 아니구나, 사랑을 하면 그때부터 꼭 같이 공부를 해야겠구나'라고 깨달았어요. 그러면 공부가 남는 거예요. 솔직히 그럴 때 공부를 하면 공부가 진짜 잘됩니다. 왜? 상대한테 잘 보이고 싶은 마음이 엄청나잖아요. 최선을 다하게 되잖아요. 이걸 친구에게 확장시키고 선배, 후배에게 이런 네트워크로 확장시켜 보세요. 그러면 인생에 대한 비전을 얻게 됩니다. 그래서 사랑도 가고, 나중에 내가 한푼 없는 빈손이 되고, 아무것도 내세울 게 없는 상태가 되더라도, 나는 인생, 생로병사 전체를 살아갈 수 있는 그런 아주 든든한 정신적 백그라운드를 갖게 되는 거, 그게 로고스예요.

공부, 인생에 대한 질문

그리고 인간은 어차피 죽기 때문에 죽음에 대한 질문과 해석을 하지 않으면 영원히 불안에서 벗어날 수가 없어요. 그래서 모든 지성의 출발은 죽음이에요. 소크라테스도 공자도 부처도 거기서 시작했죠. 그래서 생사에 대한 질문의 능력을 청년기에 터득해야 됩니다. 인생에 대한 질문을 할 수 있어야 하는 거죠. 이 질문이 깊어지면 죽음이 무엇인가에 대해서 질문하게 돼요. 그거는 뭐냐, 질문하면 마주하게 된다는 거예요. 죽음을 마주하게 된다. 마주하지 않고 내가 두려움에서 벗어날 수 있는 길은 없어요. 어떤 누군가가 두렵다면 반드시 한 번은 마주해야 돼요. 도망가거나 숨거나 덮어서 해결되는 일은 세상에 없습니다. 살다 보면 알게 돼요. 어떤 비밀도 비밀 자신이 스스로를 폭로하게 되어 있어요. 그래서 결국 나를 무너뜨리는 건

나 자신이지 나의 라이벌이나 나의 정적이 아니에요. 다 스스로 괴멸되는 거예요. 그러면 나를 구하는 것도 바로 나겠죠. 그러니까 나의 죽음, 죽음이 가장 두려움의 원천이라면 죽음과 대면해야 돼요. 그런데 바로 이 대면의 기술, 죽음에 대한 지혜, 이런 게 고전의 스승들이 몇 천 년 동안 했던 일이거든요. 그래서 고전과 접속을 해야 됩니다. 대학은 바로 그런 걸 하는 곳이고 대학의 모든 공부가 사실 고전을 압축한 거예요. 그러니까 이 기본기를 터득해 가는 것이 로고스라고 할 수 있죠.

정리하자면 에로스가 굉장히 다이내믹하고 충동적이고 카오스적인 힘이라면, 이 힘에 리듬을 부여하고 어떤 방향을 부여하는 지평선, 그게 로고스라는 거예요. 지평선은 절대 도달할 수 없어요. 그런데 내 앞에 있는 거예요. 그러면 어떻게 합니까? 끝없이 달려가는 거예요. 달려가도 달려가도 도달이 안 돼요. 그런데 왜 가느냐고요? 지평선이 있으니까 달려가는 거예요. 그래서 달려간다는 사실 자체가 지평선의 힘이에요. 그러니까 공부는 끝이라는 게 없어요. 목적도 없어요. 목적이 있다면 삶 자체가 목적이에요. 그래서

소크라테스의 죽음을 그리고 있는 자크 루이 다비드(Jacques Louis David)의 유명한 작품이다. 동서양을 막론하고 인류의 가장 위대한 스승들의 사유는 바로 죽을 수밖에 없는 인간의 운명에 대한 고민에서 시작되었다고 할 수 있다.

인생의 모든 순간이 공부여야 됩니다. 그냥 책 보는 시간, 시험 보는 시간, 학점 따는 시간 이거는 공부의 아주 끄트머리에 불과한 거예요.

살아 있는 모든 순간이 공부인데 그 공부는 사람을 통해서 하는 겁니다. 사랑과 우정, 사제간의 교감, 그런 교감의 능력을 터득하면 이제 청년들이 어른이 됐을 때 비로소 나의 네트워크를 만들 수 있어요. 그게 바로 에로스와 로고스가 같이 흘러가는 삶의 현장이라고 할 수 있습니다. 그래서 이 기본기를 익히려면 신체가 가장 중요해요. 다른 스펙은 필요 없어요. 청년의 그 진솔함, 청년이 갖고 있는 우직함, 그리고 앞뒤 가릴 줄 모르는 그런 무모함, 이런 야생적 에너지를 절대로 상품과 소비로 교환하지 말고 마음껏 꽃 피워야 됩니다. 그런데 그 뒤에 비전이 있어야죠. 그거를 배울 수 있는 게 대학이고 대학이 아니어도 인터넷에 들어가면 이 세상의 모든 고전이 다 번역되어 있어요. 그래서 뭐 책이 없어서, 집안이 가난해서, 시골이라서 같은 어떤 핑계도 불가능한 시대가 됐어요. 그러니까 어디에 있어도 전 세계 최고 지성의 결과물을 직접 접할 수 있게 되었다는 겁니다.

접속, 세상을 바꾸는 힘

우리가 고전을 만나면 어떻게 됩니까? 시공이 확장되잖아요. 소크라테스를 만나고, 공자를 만나고, 주자를 만나고, 연암 박지원을 만나는 이 엄청난 시공의 확장. 이것을 왜 포기합니까? 그러면 그게 바로 내 인생이, 또 내 신체가 그렇게 증식되는 것인데요. 이런 능동성과 자율성을 갖고 있으면 이 글로벌 시대에, 그리고 이 디지털 시대, 전 세계가 연결되어 있는 이 시대에 어디를 가도 나는 내 삶의 현장을 확보할 수 있어요. 국경이 엄청나게 낮아졌고 언어의 장벽도 낮아졌잖아요. 지금 청년 세대는 사실 국경이라는 게 별로 의식되지 않아요. 그리고 영어가 더 익숙한 시대예요. 그러면 이러한 신체로 스마트폰을 들고 전 세계 어디를 가도 내가 접속을 할 수 있다는 겁니다. 여기에 필요한 건 내 신체성이에요. 그래서 그러한 야생성만 있으면 알래스카에 가도 북극곰이랑 소통할 수 있어요. 그리고 아프리카에 가면 코끼리하고도 교감할 수 있어요. 그러면 거기에서 뭐가 일어나냐? 어떤 사건이 일어난다는 거죠. 이 사건을 스토리로 만들 때 글쓰기가 탄생하는 거예요. 그래서 지성의 가장 결정적인 과정은 글쓰기입니다. 글쓰기.

그래서 로고스가 뭐냐고 아주 구체적으로 묻는다면, 다시 말해, '진리에 대한 열정을 어떻게 훈련합니까'라고 물으면 간단해요. 읽고 쓰고 말하는 거예요. 우리가 저 사람이 지성이 있는지 없는지는 말을 들어보면 그냥 압니다. 글을 보면 압니다. 어떤 책을 읽는지 보면 알아요. 성적이 얼만지 스펙이 얼만지는 알 수가 없어요. 우리가 매일 검찰 포토라인에 서 있는 분들을 보잖아요. 그분들은 공부 정말 잘하시는 분들이에요. 그런데 지성을 연마하는 시간은 없었겠죠. 지성의 기쁨을 모르면 모두가 다 화폐를 향해 달려갑니다. 그다음에 화폐로 소비를 하고 화폐로 사람을 지배하는 쾌감을 누리고 싶어해요. 우리 안에도 그런 유혹이 끝도 없이 꿈틀거리죠. 돈이 많으면 상품을 소유하고 사람을 지배하는 쾌감을 누릴 수 있다는 걸 다 알고 있습니다. 그런 게 지금 우리가 보고 있는 권력의 현장이거든요. 거기에는 진정한 기쁨은 없어요. 인간의 몸이 지복감을 느끼는 건 지성의 환희밖에 없습니다. 신체적으로 그래요.

우리가 이렇게 두 발로 서 있기 때문에 하늘을 보고 땅을 보고 있잖아요. 천지를 연결하고 있다고요. 천지를 연결한다는 건 뭐냐, 천지의 모든 걸 알고 싶기 때문에 이렇게 선 거예요. 그리고 뇌세포가 무한대거든요. 왜 이렇게 많은 세포가 필요합니까? 쓰지도 않는데? 어디다 쓸 거예요, 이 뇌세포를? 이걸 쓸데가 없으니까 자꾸 얼굴을 줄이려고 하는 거예요. 작은 얼굴 만들려는데, 뇌를 줄이지를 못하니까 턱만 깎고 있는 거죠. 하지만 일단 한국인은 얼굴이 넓적해야 됩니다.(^^) 그래야 거기 재물도 들어오고 사람도 들어온다고 얘기하는 거예요. 다시 돌아가서, 그런데 "뇌세포가 왜 이렇게 무한하냐?"는 거죠. 그건 우주가 무한하기 때문에 그래요. 그러니까 인간은 무한에 대한 끝없는 열정을 가지고 있는 존재예요. 그래서 진짜 경제가 어려운 이 시대에도 화성이나 목성 탐구에 어마어마한 돈을 천문학적으로 쏟아붓고 있죠. 하지만 아무도 불만을 토로하지 않습니다. "아니 이런 시대에 청년들 일자리는 안 만들고 왜 화성 탐사만 하냐"라고 말하는 사람 아무도 없어요. 왜냐하면 화성에 가서 무슨 사진 하나만 찍어 와도 너무 감동적이거든요. 이게 바로 인간의 원초적인 본능이고 우리가 이렇게 직립하게 된 이유입니다. 이걸 잊지 마세요. 사람이 굳이 이렇게 선 것은 천지를 연결하는 것, 무한과 접속하기 위한 거라는 것을. 그래서 앎의 본능하고 사람을 사랑하는 능력이 서로 다르지 않은 겁니다. 그래서 같이 연습을 하는 거예요. 사랑하는 연습, 우정을 쌓는 연습, 그리고 스승을 만나는 연습.

이게 바로 그 무엇이든 접속하는 능력입니다. 그런데 그렇게 접속해서 뭘 하냐고요? 새로운 길을 발견하고 새로운 가치를 생성시키는 거죠. 새로운 가치를 생성시키려면 낡은 가치를 붕괴시켜야 돼요. 그래서 모든 봄은 어떤 점에서 혁명의 계절이에요. 왜냐하면 얼어붙은 대지가 요동치면서 새로운 시대가 열리는 시간이잖아요. 그래서 인류 문명은 언제나 청년들이 뒤집어엎었어요. 청년들만이 할 수 있어요. 이 낡고 기성화된 시대를 살아 보지 않았고, 낡고 기성화된 시대의 문제를 보면서 성장하기 때문에 그래요. 그러니까 청년들이 세상을 바꾸는 주역이 될 수밖에 없습니다. 그런데 이 청년이 움직이지 않으면 세상은 바뀌지 않을 뿐 아니라 퇴행을 하게 되어 있어요. 그래서

1990년 2월 14일 우주탐사선 보이저 1호가 명왕성 부근에서 찍은 지구의 사진이다. 하얀 원 중심의 보일 듯 말 듯한 작은 점이 바로 지구다. 칼 세이건이 '창백한 푸른 점'이라고 이름 붙인 이 사진은 무한에 대한 인간의 끝없는 열정을 상징하는 사진이라고 할 수 있다. 보이저 1호는 여전히 지구와 교신을 주고받으며 태양계 밖을 항해하고 있다.

지금 고령화, 저출산 같은 얘기가 나오면 노인도 우울해지고 청년은 더 우울해지는 거예요.

청년들이 여기서 삶의 배치를 확 바꿔 버리면 노인도 새로운 문화를 일굴 수 있고 청년들에게도 길이 열립니다. 그러면 청년과 노년이 만나서 정말 상상을 뛰어넘는 그런 융합을 일으킬 수 있어요. 이래야 우리가 고령화와 저출산이라는 암울한 담론이 아니라, 인생 백세시대에 청춘과 중년, 장년, 노년이 사계절처럼 매끄럽게 흘러가는 그런 새로운 시대를 열 수 있습니다. 그때 비로소 노동과 화폐, 소비라고 하는, 우리는 백 년, 서양에서는 몇 백 년 동안 사람들을 지배했던 그런 가치의 사슬에서 벗어나게 될 거라고 저는 생각을 합니다. 이번 강의는 여기서 마치겠습니다. 감사합니다.

세번째
특강

원초적 욕망과의 대면

욕망과 삶의 이분법을 타파하자!

이번 강의에서는 앞에서 했던 '에로스'에 관한 이야기를 이어서, '원초적 욕망'이라는 주제를 다루어 보려고 합니다. 원초적 욕망, 이러면 예전에 아주 히트쳤던 「원초적 본능」이라는 영화가 생각나시죠. 뭔가 굉장히 야한 얘기를 하게 될 것 같다는 생각도 드시죠?(^^) 그런데 '원초적' 같은 말을 하면 왜 이런 생각이 들까요. 그것은 우리가 욕망을 어떤 특수한 영역에 몰아넣고, 우리의 삶과 분리시켜 왔기 때문이 아닐까 합니다. 욕망을 가지고 욕망으로 무언가를 창조하면서 살아가는 게 우리의 삶인데, 왜 욕망을 입에 담는 걸 꺼려하고, 항상 욕망이라는 주제가 나오면 아, 저기에서는 굉장히 특별하고, 그러면서 뭔가 삶과 분리된 특별한 일이 일어나나 보다, 이렇게 생각하는 걸까요.

그래서 사실 욕망 앞에 제일 많이 붙는 말이 변태예요. 변태. 바로 그걸 떠올리게 되어 있거든요. 그래서 저도 이런 욕망과 삶의 이분법, 사실은 이분법이 제일 해로운 것인데, 여기에 사로잡혀 있었던 게 아닐까, 이걸 『동의보감』 공부를 하면서 깨우치게 되었습니다. 그리고 이 이분법을 타파해야 푸코가 말했듯이, 우리가 욕망과 함께 욕망을 데리고 살면서 욕망으로부터 자유로워지는 길을 열 수 있지 않을까 하는 생각도 하게 되었고요. 그래서 이번 강의에서는 욕망의 현장이 곧 생명과 삶의 현장, 일상의 토대라는 관점, 동양의학적, 또 동양역학적 관점에서 접근을 해보려고 합니다.

에로스와 로고스 그리고 정·기·신

서양에서 '욕망'이라는 말은 너무 범위가 넓기도 하고 또 이미 어느 한 방향으로 많이 썼기 때문에 오염이 되어 있죠. 그래서 그걸 조금 더 근원적이면서 좀 덜 오염된 말로 표현하려면 '에로스'라고 하면 무난합니다. 그래서 이 안에 인간이 원하는 것들을 다 집어넣고 시작을 해보죠. 인간은 이 에로스를 가지고 태어납니다. 존재 자체가 다 에로스의 총화인데, 이것만 있으면 동물하고 사실 구별이 안 되고, 또 동물에 비하면 왜 이렇게 에로스 때문에 괴로울까를 설명할 수 가 없어요. 그래서 단지 무언가를 하려고 하는 그 힘, 방향, 에너지만이 아니라, 그것을 해석하려고 하는 욕망이 있습니다. 그걸 '진리'라고 해도 되고 '앎'이라고 해도 되고 다 상관없어요. 우리가 살아가는 것은 욕망의 총합인 몸과 이 몸이 통과하는 시공간을 가로지르는 것이기 때문에, 이것이 무엇인가라고 질문을 하게 됩니다. 이것이 동물과 인간을 구별해 주는 지점이죠. 그걸 또 두루뭉술하게 '로고스'라고 정의할 수 있습니다.

이렇게 정의를 하고 나면, 이제 "생명이 뭐냐?"라고 묻게 되는데 그러면 에로스와 로고스로 이어질 수 있습니다. "욕망이 뭐냐"라는 질문에도 마찬가지로 에로스적인 것, 에로스를 통해 계속 무언가 접속하려는 것, 확장하려는 것, 그것과 함께 그것을 설명하고 싶은, 해석하고 싶은 욕망이 결합되어 있는 것이라고 설명할 수 있다는 거죠. 이게 생명의 동력이고. 『동의보감』에서는 이걸 좀 더 생리적인 조건에 맞추어서 정(精), 기(氣), 신(神)으로 이야기를 합니다.

『동의보감』은 방대한 체계로 구성되어 있는데, 그

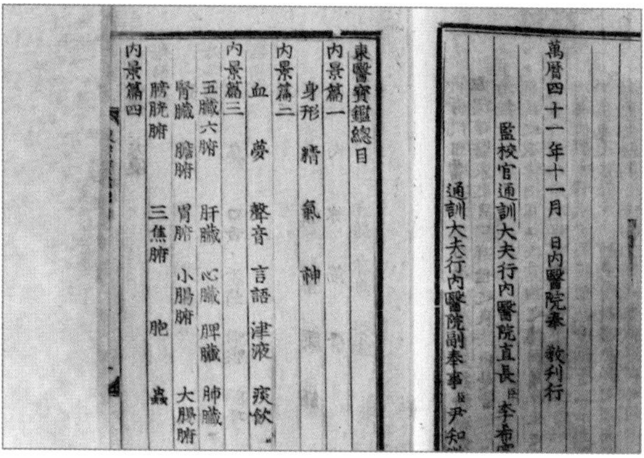
萬曆四十一年十一月 日內醫院奉 敎刊行
監校官通訓大夫行內醫院直長臣李希
通訓大夫行內醫院副奉事臣尹知

東醫寶鑑總目
內景篇一 身形 精 氣 神
內景篇二 血 夢 聲音 言語 津液 痰飮
內景篇三
五臟六腑 肝臟 心臟 脾臟 肺臟
腎臟 膽腑 胃腑 小腸腑 大腸腑
膀胱腑 三焦腑 胞 蟲
內景篇四

출처 : 국가문화유산포털(www.heritage.go.kr)

1610년 완성되어 3년 후인 1613년에 간행된 『동의보감』 목판본의 목차. 「내경편 1」에서 '신형'(身形)과 함께 '정'(精), '기'(氣), '신'(神)이 다루어지고 있음을 볼 수 있다.

중에 첫번째 편이 「내경편」입니다. 거기에 '정·기·신'이라는 개념이 나오는데, 이걸 바탕으로 해서 오장육부와 기타 신체가 구성이 되거든요. 세 개념 중에서 '정'은 질료 같은 거예요. 질료가 있어야지 우리가 그걸 가지고 변형을 하니까. 그런데 그게 주로 신장에서 만들어지죠. 그래서 정, 그러면 신장. 이렇게 매칭이 돼요. 정은 우리 안에 있는 액체로 이루어진 모든 것을 말합니다. 사람을 만들고, 문명을 건설하고, 이 세상의 모든 진리를 탐구하는 것이 정이라는 질료 없이는 불가능합니다. 그런데 이 질료가 있으면 질료를 움직이는 엔진이 있어요. 그게 기예요. 그걸 주로 주관하는 장기는 폐입니다. 폐로 호흡을 하니까요. 신장에서는 남성의 정액이나 여성의 생리혈 같은 원초적 질료가 구성이 되고 폐에서는 호흡을 통해서 이걸 계속 순환을 시켜야만 우리는 살아 있는 거예요.

그런데 이렇게만 해서는 살 수가 없는 게, 이 질료와 에너지를 어떤 방향으로 쓸 것인가가 있어야 해요. 이거는 추상적인 거예요. 분명히 존재하지만, 물질화할 수가 없어요. 그런데 그 방향이 없이 살면 정, 기를 그냥 자기도 모르는 방식으로 막 쓰는데, 이런 걸 맹목이라고 하는 거죠. 맹목적이라는 게 얼마나 무서운지는 잘 아실 겁니다. 맹목은 있는 그대로의 순수함이 아니고 다 파괴로 이어지게 되어 있어요. 그래서 '방향을 설정한다', 이게 '신'이라고 할 수 있습니다. 그건 심장이 주관한다는 거고요. 그래서 정·기·신은 기본적으로 생명, 욕망, 신체가 작동하는 기본 원리라고 할 수 있어요. 이 세 가지가 있어야 우리가 살아간다고 하는 거죠.

근데 정, 기는 잘 이해를 하시는데, 방향을 설정하는 '신'에 대해서는 '방향은 이미 정해져 있는 거 아닌가', 이렇게 많이 생각하실 거예요. 이미 행복, 성공 이런 것들의 방향이 정해져서 정과 기를 그쪽으로 쓰면 된다고…. 그래서 이 부분을 가장 소홀히 합니다. 가장 중요한데, 가장 소홀히 하는 영역이 신의 영역인 거죠. 보이지도 않고 별로 티도 나지 않아요. 반면 신장의 정을 잘 보충하는 이런 의학적인 방편은 귀에 쏙쏙 들어옵니다. 왜? "신장이 튼튼하면 정력이 좋습니다." 이렇게 이야기를 하면 여러분 귀에 쏙쏙 들어오는 거예요. 질료에는 아직 어떤 방향도 없는데, 이걸 '정력'으로 번역을 하는 거죠. "호흡이 편안하면 양생에 이롭고 수명도 길어집니다." 이런 이야기도 쏙 들어와요. 그런데 "신은 내 삶의 방향이다"라고 하면 잘 안 들어오는 거죠. 사람이 방향이 없이 살 수 없는데, 이 부분은 보이지도 않고 티도 안 나고 내가 무슨 노력을 기울여야 되는지도 모른 채 깜깜한 암흑 상태에 있다는 거죠. 이걸 제가 정·기·신이라는 의학적 개념을 배우면서 많이 생각하게 되었습니다.

그런데 이걸 다시 자연과학적으로 생각해 보겠습니다. 생명은 물질과 정신의 교집합이에요. 생리적인 거랑 심리가 교차하는 만큼이 내 생명의 바탕이면서 또 잠재력이고, 그게 바로 욕망의 배치거든요. 그러니까 물질, 생리적인 것만 있으면 그건 기계가 될 거고, 심리만 있으면 유령이 되겠죠. 이것이 교차되는 만큼이 인간 존재성인데, 이게 생명의 출발점이면서 오늘의 용어로 하면 욕망의 베이스, 기본 토대라고 할 수 있죠.

그런데 여기에는 안팎이 없어요. 개개인이 모여서 전체가 되는 게 아니고 개인 안에 전체가 그냥 들어와 있는 거죠. 우리 하나를 구성하려면 우주 전체, 천지창조, 138억 년 전엔가 있었던 빅뱅이 있어야 합니다. 그래야 제가 여기 있을 수 있어요. 여러분도 다 마찬가지고요. 그래서 부분이면서 완벽한 전체가 되는, 이게 몸과 우주의 교차점이라는 건데, 그게 생명이라면 욕망도 그런 것이에요. 그래서 욕망을 존재와 분리해 버리면, 우리는 생명이 없는 추상적인 존재로서 아주 수동적인 삶을 살아가야 되는데, 거기서부터 이미 욕망의 포로가 될 준비가 되어 있는 것이죠. 그래서 바로 욕망 안에 나의 생명과 전 우주의 에너지와 질량, 그리고 속도와 방향이 다 교차하고 있다, 그렇게 얘기할 수 있습니다.

수렴과 발산, 생명의 정치경제학

지금까지 설명한 것처럼 의학, 자연과학, 또 서양적인 인식 이런 걸 섞어서 얘기하면 추상적이면서 근사한데, 그냥 우리의 현실로 딱 들어오면 간단해요. 식욕과 성욕이에요. 그러면 약간 꺼림칙해집니다. '에로스', 이럴 때는 듣기가 괜찮고, '정·기·신'도 들을 만한데, '나의 식욕을 대면하라', 이러면 좀 그렇습니다.

성욕은 더더욱 꺼림칙합니다. 그런데 이것이 우리의 일상에서 펼쳐지는 생명활동이에요. 먹는 것은 우리가 항상성을 유지하고 생존을 유지하는 데에 아주 기본적인 거예요. 하루에 세 끼든 두 끼든 한 끼든 일단 외부의 것을 섭취해야 해요. 그런데 이렇게 계속 섭취만 하면 안 되니까 이걸 발산해야죠. 발산하는 가장 강력한 게 성욕인 거예요. 그래서 식욕이 외부의 것을 내 안에 들이는 거라면, 성욕은 외부에 있는 타자를 향해 달려가는 거죠.

지금 왜 이렇게 반려견을 많이 키우는지도 생각해 보아야 합니다. 동물 애호 차원만도 아니고, 동물과의 공감이라는 이치를 터득하기 위해서만도 아니고…, 뭐죠? 촉감의 욕망을 채우는 것이 큰 비중을 차지하겠죠. 그래서 제가 이상한 직업 하나를 본 적이 있었는데, 해외에서 하루에 한 시간씩 안아 주는 일만 하는 분이 있다는 거예요. 우리나라에는 아직 없는 것 같은데, 스마트폰으로 신청을 하면 안아 주는 일을 너무 잘하는 분들이 있는 거죠. 안전하게. 의뢰인이 원하는 곳에 가서 한 시간, 두 시간 안아 달라 그러면 오는 거예요. 다 큰 어른이. 욕망이라는 것이 얼마나 대

"

타자와 접속해야 해요. 타자 안에는 시공간도 들어가고 동물, 인간, 기계 다 포함되는 거죠. 접속해서 나를 변형시켜야 해요. 그것이 욕망이 갖고 있는 속성이자 패턴이고 방향이라는 겁니다. 이것 때문에 문명이 거대한 전환을 이루면서 여기까지 온 거죠.

단한 겁니까?

근본적으로 성욕은 번식을 위한 거잖아요. 생존했으니 번식하라, 이거죠. 욕망은 딱 두 가지 방향이에요. '살아라, 내 몸의 항상성을 지켜라' 이 명령, 그리고 그다음에 '타자와 하나가 돼서 번식해라, 또 다른 생명을 낳아라'. 이것만이 욕망이 갖고 있는 속성이에요. 그래서 이걸 우리가 물리학적으로 쿨하게 보면 흡수했으니까 발산을 해야 하는 거죠. 계속 먹었으니까 뭘 세상에 내놓아야 돼요. 아이를 낳기 싫으면 다른 거라도 내놓아야 해요. 뭐라도 내놓아야 돼요. 아이를 내놓는 게 가장 대단한 창조, 우주 창조에 버금가는 일이라고 하는데, 자의든 타의든 아이를 내놓을 수 없는 분들이 있잖아요. 그런 경우에는 거기에 걸맞은 창조를 해야 해요. 그것이 무엇이든지 창조를 해야 하는 겁니다. 이것이 흡수했으면 발산해야 한다는 원칙이지요. 그러면 결국 원초적으로는 '지속하고 접속하라'. 이 명령이거든요. 그렇게 할 때 비로소 내가 다른 존재로 변형되어 가는 걸 성장이라고 해요. 그게 생로병사예요. 그래서 계속 내 몸이 항상성을 지키기 위해 애를 써야죠. 양생도 하고 건강도 체크하는

데 이것만 하시면 그냥 건강의 노예가 됩니다. 이건 생명활동의 반쪽밖에 안 돼요. 타자와 접속해야 해요. 타자 안에는 시공간도 들어가고 동물, 인간, 기계 다 포함되는 거죠. 접속해서 나를 변형시켜야 해요. 그것이 욕망이 갖고 있는 속성이자 패턴이고 방향이라는 겁니다. 이것 때문에 문명이 거대한 전환을 이루면서 여기까지 온 거죠.

집단적으로, 구석기시대에는 계속 돌만 가지고 생활하다가 뭘 계속 창조를 해야 하니까 돌이 청동기로 바뀌고 청동기를 쓰다 보니 전쟁도 하고, 하다 보니 땅을 일궈야 돼서 쟁기를 만들고…. 이거는 이게 더 낫고 안 낫고가 아니고, 살아 있으면 누구나 계속 접속하고 뭘 창조하다 보니 여기까지 온 거예요. 하다 보니 스마트폰까지 오게 된 거죠. 우리는 계속 그 활동, 리듬 안에 있는 것뿐입니다. 그런데 우리는 역사, 사회, 도덕 이런 관념에서 이걸 균질화해서 욕망을 안에 가두어 놓거나 아니면 밖으로 나올 때 잘 세팅을 해서 원할 때만 쓰고 원하지 않을 때는 집어넣고, 이렇게 할 수 있다는 착각을 했었어요. 특히 근대 서구 합리주의가 시작될 때 그랬지요. 그래서 이성으로 컨트롤할 수 있다, 이런 착각을 해왔던 거죠. 그런데 실제로 동양의학적인 관점에서든 어떤 다른 관점에서든, 욕망의 속성을 잘 관찰만 해도 욕망은 그런 식의 균질화와 분류, 유형 따위를 허용하지 않는다는 걸 알 수 있어요. 그래서 욕망은 그냥 카오스라고 생각하시면 돼요. 방향도 없고 뭐도 없고 그냥 움직이고 있다. 움직이면서 계속 생존하면서 번식을 하는 것일 뿐이다. 이렇게 말이죠.

욕망이 가진 카오스적 속성

제가 『동의보감』에서 알게 된 건 원초적으로 모든 사람은 태과불급 상태로 태어난다는 거예요. 뭐가 많으면 뭐가 모자라게 되어 있어요. 만약 모두가 그렇다면 평등한 거죠. 모두가 그러니까 안심하셔도 돼요.(^^) 나만 그런 게 아니에요. 그런데 욕망을 왜 밖에 못 꺼내놓느냐. 나만 그런 줄 알아서 그래요. 숨겨요. 숨길 수 있는 한 숨겨요. 가능한 한 여성들은 나는 청순하고 성을 당최 모르며…, 뭐 이렇게 이야기를 하는데,

이게 자랑이 아니거든요. 모르는 게 무슨 자랑이에요. 그런 쾌락 따위에는 관심이 없고 지순한 사랑만 원하며…, 이런 식으로 말하도록 길들여져 버렸어요. 내 몸에서는 부글부글 끓고 있는데.

남성들은 이런 것 입 밖에 꺼내 놓다가는 바로 검색어 1위에 오르고 끝나 버리는 시대가 왔죠? 그러니까 안으로, 언더그라운드로 들어가는 거죠. 그러니까 거의 모든 남성이 하는 지하운동이 저는 포르노 세계라고 생각합니다. 지하운동을 다 하고 계세요. 지금 같은 민주화시대에도.(^^) 아주 사적인 영역이라고 생각했는데 이제는 카톡도 다 공개가 되어 버리니까 이 영역도 보장이 안 돼요. 그러니까 이제 정말 방향을 바꿀 때가 된 거예요. 쿨하게, 진솔하게 자기의 욕망을 마주하고 그걸 성찰하는 힘이 필요한 시점입니다.

왜 이렇게 말할 수 있냐면 모든 사람이 다 어떤 식으로든 기울어져 있기 때문이에요. "나야말로 화평한 기운으로 균형을 갖고 태어났네", 이런 말을 하는 분이 있다면 그분이 제일 위험합니다. 그분은 그 자체로 이미 불균형이에요. 그리고 본인이 그렇다고 해서 '나는 욕망 같은 건 탐구할 필요 없어'라고 생각한다면 더 황당하죠. 나는 그렇다 해도 다른 사람들이 다 그것 때문에 괴로움을 겪고 있다면 당연히 그것도 자신의 미션인 거죠. 나만 괜찮으면 되는 거예요? 나는 안 아프지만 아픈 사람이 있으니까 의학을 같이 연구하는 거고 또 그 의학이 발전하도록 돕는 거죠. 당연한 거 아닙니까. 그런 걸 보편적인 윤리라고 하는 거고요.

그래서 왜 다 태과불급인가 하고 보니까 우주 자체가 기울어져 있다는 거죠. 여기서 저는 아주 환해졌어요. 지구도 기우뚱하고, 태양도 계속 폭발해서 50억 년 뒤에는 사라진다는 거예요. 말하자면 태양계가 전혀 다른 모습으로 변화하는 거거든요. 그렇게 본다면 지금까지의 세상은 설명이 되는데 이걸 가지고 내년의 일을 예측하기는 어렵다는 거죠. 지금도 기상관측이 종종 틀리는데. 그러니까 지금 이렇게 인공지능 시대가 오고 있다고 하는데도 지진, 해일 같은 재난이 끝도 없이 일어나잖아요. 못 막는 거예요. 예측을 못하는 거예요. 왜 그러는 걸까요? 기울어져 있어서 계속 차이가 만들어지기 때문인 거죠. 그러면 우리 몸도 그러고 있는 거거든요. 원래 기우뚱하게 태어났는데,

오행의 상생상극

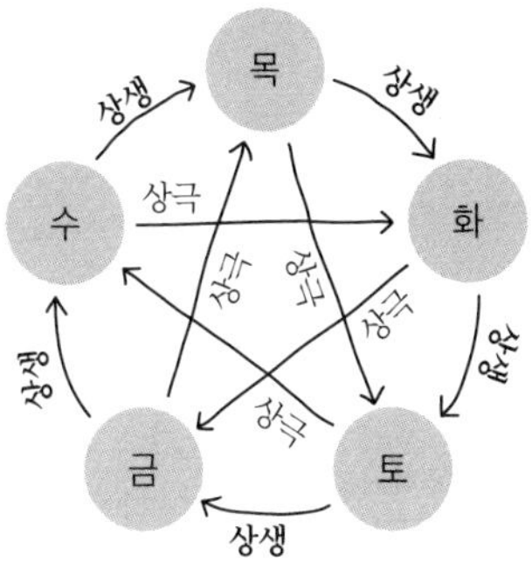

'음양오행'은 동양사상에서 '천지인'을 관통하는 핵심적인 키워드이다. 사주명리학은 이것을 운명에 적용해서 어떤 사람이 태어난 연월일시의 오행의 리듬을 보면 그 사람이 가진 오장육부의 배치와 정서적 흐름을 알 수 있다고 본다. 하지만 이 오행은 언제나 태과불급의 상태로 배치된다. 모든 사람은 다 어떤 식으로든 기울어져 있는 것이다.

태어난 시공간에서도 계속 차이가 생겨요. 그래서 사실 어떻게 생각하면 이런 카오스적 상태를 벗어날 길이 있기나 할까, 하는 절망을 야기하지만 꼭 그렇지는 않아요. 만약 모든 게 세팅이 되었다면 평생 고민을 할 필요도 없고 세팅된 대로 살면 되죠. 그런데 늘 움직이고 변하고 있는 거라면 여기에 미세한 털끝만큼의 차이만 있어도 내가 온전히 바뀔 수가 있다는 뜻이기도 하거든요.

자본주의, 문명의 끝장

이게 바로 욕망이 가진 카오스적인 속성입니다. 그런데 더 큰 문제는 뭐냐면 인간이 역사와 문명을 만들면서 그 시대마다 무엇이 진리다, 라고 다 설정을 해놓았는데, 이것 자체가 몸과 안 맞는다는 거예요. 누군가 특수한 사람에게 특수한 상황에서 맞는 걸 진리라고 만들어 놓은 거예요. 노예제 사회, 농경제 사회 등등. 그러니까 그게 많은 사람들하고 맞지도 않는데 진리라고 주입을 해야 되니까 폭력이 필요한 거죠. 그래서 우리가 진리라고 믿는 어떤 것이 지금까지 전해지기 위해 엄청난 살상과 학살이 자행되었죠. 진리 안에 무지막지한 폭력이 내재되어 있어요. 맞지 않는데 우기는 거죠. 이렇게 믿으라고.

그래서 아마 2,500년 전에 서양에서는 소크라테스, 동양에서는 공자, 노자, 부처가 나와서 이 우주와 몸이 카오스를 벗어나는 어떤 길을 제시한 게 아닐까. 그런데 이분들의 특징은 뭐냐면 진리를 강요하거나 무차별적으로 적용을 안 해요. 굉장히 자애로우신데, 문제는 너무 헷갈린다는 거예요. 들을 때마다 너무 헷갈려. 우리 몸이 그렇고 욕망이 그래요. 헷갈려요. 내 안에 있는 것조차도 계속 달라지잖아요. 그러니까 엎친 데 덮친 거죠. 원래 우주적으로도 좌충우돌하는 데다가, 우리가 문명을 이룬 대가가 또 거기에 겹쳐지는 거죠.

이것의 끝장이 자본주의인 거죠. 문명의 끝장, 역사의 종말이라고 할 만하죠. 자본주의에서 금융자본주의, 금융자본주의에서 끝날 줄 알았더니 4차 산업혁명, 이런 식으로 물질적 소유를 통해서 욕망을 다 채우게 하는, 정말 대단한 시스템입니다. 여기에 들어와 있으니 우리는 지금 엎친 데 덮친 데 또 하나 덮친, 쓰리 쿠션을 당하고 있는 거예요. 정신을 차리기 어렵죠. 이걸 향해 달려가야 하니까. 특히 우리나라는 이걸 너무 열심히 따라왔기 때문에 이렇게 부자가 되고 월드컵 4강도 하고 그랬겠죠? 지금도 BTS 청년들이 전 세계를 누비고, 대단하지 않습니까. 이렇게 우리는 그런 쪽, 공을 차고 쇼를 하고 이런 거에 쏠려 있습니다. 그리고 올림픽이나 월드컵 같은 걸 하면 우리가 몇 위냐, 이런 거 중시해요. 그런데 생사의 이치나 지혜의 차원에서 1등 하려고 하는 건 한 번도 못 봤어요. 우리나라 사람들은 그런 데 대해서는 마음을 다 비우고 있는 것 같아요.(^^) 참 신기하지 않습니까?

탐진치, 욕망의 보편적 속성

제가 『서유기』를 읽다가 깨달았어요. 아, 현대 한국인들의 상태는 저팔계, 손오공, 사오정이다. 이게 배경이 당나라 때니까 천몇백 년 전 일인데 정말 너무 리얼하게 지금 현대인들의 욕망을 그대로 보여 주는 캐릭터들이 나와요.

우선 저팔계, 식욕과 성욕의 무한 증식이에요. 얘는 팔계(八戒 : 여덟 가지 계율)니까 여덟 가지를 삼가요. 그래서 채식주의자예요. 심지어 채식주의자인데, 일단 식탁에 앉으면 순식간에 폭풍흡입을 해버리는 거죠. 그리고 여자를 보면 예쁘냐 안 예쁘냐, 나이가 어리냐 이상형이냐를 가리지 않고 침이 나오는 캐릭터죠. 그래서 박애주의인가? 변태 중에도 박애가 있나 이런 생각까지 하게 합니다.(^^) 그건 무슨 뜻이냐면 이게 바로 욕망이 방향을 잃어버린 건데, 대상이 누군지 상관이 없는 거예요. 그러니까 욕망은 타자를 만나서 접속하는 거라고 했잖아요. 우리가 먹으면서 수다 떠는 것처럼 즐거운 일이 없거든요. 이게 바로 욕망과 접속이 동시에 일어나는 일이기 때문에 그래요. 근데 상대방이 누군지 상관이 없이 그냥 내 성욕을 배설하는 것만이 목적이야, 이게 사실 포르노죠. 스토리가 없는 거예요.

그러니까 여자를 많이 사귀고 남자를 밝히고 그냥 늘 성욕이 부글거리고 이거 자체가 문제가 아니라, 이 욕망이 대상, 많은 타자와, 많은 타자라고 하니까 조금 야한 것 같은데, 하여튼 그 사람과 삶의 스토리를 만들려고 하는 욕망이 같이 있어야 해요. 그러면 그리스인 조르바가 되는 거예요. 조르바는 아무리 많은 과부와 사랑을 나누어도 그 과부의 인생을 그냥 하나의 스토리로 만들어서 펼쳐 줄 수 있는 존재입니다. 그래서 멋진 거죠. 근데 이게 폭력이 되는 게 뭐냐면 대상이 누군지가 상관이 없고, 스토리가 만들어지지 않을 때예요. 그건 무조건 폭력이에요. 포르노를 보면서 그걸 연습하는 거예요. 포르노는 그냥 중간 과정이 없죠. 바로 단도직입. 이것이거든요. 저팔계가 그런 식의 욕망의 화신이에요.

그런데 손오공은 식욕, 성욕이 없어요. 첫번째 특강에서도 이야기를 했지만, 도를 닦아서 72가지 변신술을 할 수 있고, 단전호흡을 해서 잠을 자지 않아도 되고 완전히 몸이 탈영토화되어 있는 거죠. 도교 수련의 최고 경지에 이른 거죠. 그래서 죽지도 않아요. 양생을 하고 근두운을 타고 여의봉을 휘두르고…. 지금 우리가 원하는 모든 영웅적 능력을 다 터득한 거예요. 요즘 게임이나 할리우드 영화를 보면 온갖 '맨'들이 다 등장하잖아요? 슈퍼맨, 아이언맨, 스파이더맨 등

북경 이화원에 그려져 있는 『서유기』의 한 장면. 왼쪽부터 손오공, 용마를 탄 삼장법사, 저팔계, 사오정이 함께 서역을 향해 가고 있다.

등. 다들 손오공처럼 되고 싶은 거죠. 무한한 힘, 날아다니고 시공을 격파하고 무엇으로도 변신을 하고 다 파괴할 수 있는 힘을 가졌는데 결론은 분노조절장애. 자유가 없는 거예요. 그렇게 힘을 얻으면 완전히 자유로울 줄 알았는데, 그냥 이 힘을 써야 되는데 쓸 데가 없는 거예요. 맞수도 이제 없는 거예요. 그러니까 어떻게 하죠? 다 때려 부수다가 하늘나라까지 가서 깽판을 치는 겁니다. 그거밖에는 자기가 보람찬 일이 없는 거야. 에너지가 너무 농축이 되어서. 그래서 이걸 보고 알았어요. 힘을 가지는 것으로 자유로워질 수는 없구나. 이게 결국은 분노를 습관적으로 표현하는 그런 식의 그물에 걸린 거죠.

사오정은 하늘나라에서 접시를 깨트려서 유사하로 귀양을 와서 거기에 웅크리고 있는데, 뭐 접시 깨트렸다고 저렇게 벌이 심한가 싶죠. 좀 너무하잖아요. 그런데 하늘나라에서 접시 하나 깨트리면 그 방심이 아마 지구의 생태계를 다 파괴할 걸요. 우리가 지금 이만큼의 차이만으로도 지진, 해일, 태풍을 막을 수가 없는데. 그러니까 절대 방심하면 안 되는 거죠. 방심을 한 대가로 모래사막에 갇혔는데, 얘는 자기가 누군지 몰라요. 그래서 생긴 것도, 저팔계는 돼지고 손오공은 원숭이인데, 사오정은 무슨 동물하고 닮았는지 몰라요. 치심(癡心)의 대표적인 캐릭터죠. '난 누구 여긴 어디'라고 하는 요즘 가장 많이 유행하는 말의 구현체죠. 자기가 누군지 몰라요. 그리고 여기가 어딘지 모르는 거죠. 방심의 결정판입니다. 우리 시대의 청년들도 이런 말을 너무 습관적으로 하고, 청년만 그런 게 아니라 중년도 잘 모르잖아요. 열심히 일하고 사회적으로 성공했는데 '이게 뭐지?' '내가 왜 이렇게 살았지?' 다 이러고 계시는 거죠. 그러니까 결국 탐, 진, 치라는 게 저는 불교적인 특수용어라고 생각했는데, 그냥 욕망이 갖고 있는 아주 보편적 속성이구나. 너무 이해가 잘 되는 거예요. 『서유기』를 읽는데 현대인들이 이해가 되는 거죠.

그런데, 이런 욕망 자체는 수많은 방향성을 갖고 있어서 어디로 튈지를 몰라요. 하지만 기본은 식욕, 성욕입니다. 그래서 우리는 식욕, 성욕을 계속 증식하고 채우면 그다음엔 난 인간답게 살 거야, 이렇게 많이 얘기하죠. 좀 채워 본 다음에 내가 잘 살아 볼게. 힘을 좀 가져도 나는 손오공같이 깽판은 안 칠 거야. 이렇게 이야기들을 합니다. 사오정을 부러워하는 분은 없더라고요. 다 이미 그 상태니까.(^^) 정리하면, 욕망 자체는 무엇이든 될 수 있는 것이었는데, 우리의 구체적 현장에 옮기고 자본주의와 결합하니까 저런 맹목적인 식욕, 성욕, 그다음에 분노조절장애로 나타나는 겁니다. 자기가 누군지 모르는 데 욕망을 아무리 채운들 뭐하겠습니까. 내가 누군지도 모르는데. 채워도 채우는 건지 아닌지도 모르고 있는 거죠.

로고스, 욕망의 현장과 대면하라

욕망이 갖는 또 다른 측면이 아까 말씀드린 '이게 무엇인가'라고 질문하는 힘이에요. 그게 로고스예요. 로고스라고 하면 진리, 앎에 대한 의지 등 여러 가지가 떠오르죠. "태초에 말씀이 있었다", 그것도 로고스죠. 이렇게 거룩하게 생각하는데, 그럴 것 없이 '내가 왜 이렇게 먹어 대지?'라고 일단 질문을 하시면 돼요.

절대 이분법에 빠지면 안 돼요. 오늘부터 저팔계

가 되지 말아야지, 이래서 갑자기 1일 1식을 하면, 일주일 만에 무너지고 그다음에 바로 1일 4식을 합니다.(^^) 그게 이분법이 주는 함정이에요. 요요현상은 다이어트에만 있는 건 아니에요. 공부에도 요요현상이 있거든요. 성욕 면에서도 '야동을 바로 끊어야지', 이러면 부작용이 생깁니다. 보되, 내가 이걸 왜 보고 있지? 이거 하나만 질문하세요. 그리고 이것이 주는 쾌감, 그것을 객관적으로 아무 가치판단 없는 상황에서 한 번만 지켜보세요. 이 쾌락이 뭐지, 그렇게 질문을 던지면, 그게 아니면 죽을 것 같이 안달복달하던 자신이 되게 유치하게 느껴지고 힘이 없어져요. 이게 로고스예요. 그냥 '이게 뭔가?', '나는 왜 이렇게 탐식을 하고 있지?', '내가 왜 이렇게 맛집을 찾아다니지?' 다니면서 이런 질문을 하세요. '왜 여기 와서 이걸 먹고 또 먹고, 또 이걸 왜 계속하고 있지?', '이걸 먹는데 왜 이렇게 많은 시간을 들이고 있지?'라는 질문만 하시면 돼요. 욕망을 갑자기 멈추어 버리면 오히려 정체를 알 수가 없어요. 원래 하던 걸 계속하면서 그걸 관찰하는, 일종의 텍스트로 삼으라는 겁니다.

그런 식의 방향도 누구에게나 있어요. 이게 로고

스예요. 누구에게나 있어요. 그러니까 좀전에 이야기했던 것처럼 성경에 "태초에 말씀이 있었다", 이런 말이 있죠. 그게 로고스거든요. 말씀이 세상을 창조해요. 이 로고스가 세상을 창조해요. 그러니까 '너 자신을 알라'라는 딱 한 가지 질문, '내가 지금 왜 여기 이러고 있지?'라는 질문만 하면 이제 거기에서부터 방향이 바뀝니다. 그리고 쾌락을 누리면 계속 더 누리고 싶어지거든요. 그것도 내버려두세요. 계속 더 누려 보세요.

그런데 쾌락과 쾌락 사이에 괴로움이 있어요. 왜냐하면 쾌락은 정·기·신을 굉장히 많이 쓰게 하거든요. 그 대가로 기진맥진하거나 너무 공허하다, 이런 느낌을 받게 됩니다. 사회활동에서도 사업을 너무 열심히 하느라 잠 안 자고 해서 성공을 하고 나면 그다음에 너무 헛헛해지는 거죠. BTS도 그렇게 외롭다는 거예요. 그 청년들이 전 세계를 주름잡는데, 저는 제가 가까이 아는 청년들이면 정말 걱정이 될 거 같아요. 얼마나 외로울까. 공연이 끝난 뒤에 환호성 뒤에서 얼마나 기진맥진할까. 그 기대에 부응하기 위해서. 수만 군중 앞에서 그들을 즐겁게 해준다는 일이…. 그거는 고생 중에 고생이에요. 그러니까 자본주의의 모든 성공한 존재들은 이런 패턴에서 벗어날 수가 없어요. 그걸 저는 확신합니다. 성공해서 '이걸로 충분해'라는 게 있을 수 없어요. 그런데도 이런 사이클이 반복되는 것이 좀 이상하지 않나, 이 생각을 하면서 자신을 보라는 겁니다.

그렇게 계속 가다 보면 내가 점점 우울해지거든요. 왜냐하면 이건 저도 약간은 느껴 본 건데, 예전에 처음 중년 백수가 되었을 때는 시간 부자였죠. 타임리치였어요, 슈퍼 타임리치.(^^) 굉장히 여유가 있었는데, 여유가 있으니까 또 공동체에서 잔소리를 엄청 해서 욕도 많이 먹었죠. 그러니까 사람이 평화로우면 그 평화를 깨는 짓을 해요. 그래서 아파야 정신을 차리는 게 맞아요. 그래서 아파서 또 『동의보감』을 만나고, 글을 쓰다 보니까 요즘은 공동체에서 잔소리할 틈이 없어요. 너무 강의를 많이 다니다 보니까 제 몸이 기진맥진해서 저를 쉬게 하는 게 제일 일차적인 거예요. 공동체가 굴러가든 말든, 저절로 마음을 비우게 되었죠.(^^) 예전에는 그렇게 비우라고 해도, 그런 말을 하는 사람을 째려보고 이랬는데, 지금은 저절로 비워지는 거죠. 사실은 이게 제가 중년 백수가 되었을 때 가장 원했던 상태거든요. 저자가 되고 강사가 되고 그런 거. 그런데 막상 그걸 이루고 나니까 우울하더라고요. 그래서 제가 연예인들을 이해했다니까요, 성공한 연예인들. 진짜 우울증을 일으키는 호르몬이 나오는구나를 느꼈던 거죠. 쉽게 말해서, 원래 태과불급인데 그 위에 뭔가 좀더 지나치게 쓰고 있는 거죠. 좋은 일도 이런데 쾌락은 더 말할 것도 없어요.

저는 그래도 강의를 다니는 게 저에게 공부가 되니까 괜찮죠. 거짓말을 하거나 누구를 현혹시켜야 하는 건 아니니까요. 제가 하는 말이나 글이 제 삶과 일치가 안 된다고 배신감을 느끼신 분은 있을 수 있지만 저 자신은 일치시키려고 하니까 스트레스가 덜합니다. 하지만 대부분의 사람들은 계속 타인을 즐겁게 해주는 말을 해야 하고, 당연히 그러면 우울해지고, 불면증에 시달릴 수 있어요. 그러면 이건 굉장히 이상하다. 나는 부족한 게 없는데 왜 이렇게 괴롭지? 이런 질문을 딱 한 번만 하시라고요. 그게 바로 욕망의 현장과 대면하는 거예요.

서 있는 자리에서 방향 틀기

우리가 지금 노동, 화폐, 소비 이 사이클 안에 들어가 있잖아요. 그래서 비전 탐구를 안 하는 거죠. 정·기·신에서 신을 쓰지 않는다고 말씀드렸죠. "그냥 좋은 일자리를 얻어서 돈 벌어서 소비하는 것이 내 인생의 방향이야"라고 정해 버렸어요. 그래서 그런지 하여튼 심장병 환자가 많아요. 심장을 전혀 주인으로 쓰고 있지 않기 때문에 그런 겁니다. 그런데 4차 산업혁명이 오면서 이런 도식이 깨지니까 다 좌절을 해요. 재산이 많은 분들도 명퇴나 정년퇴직을 하면 우울해하세요. 재산을 어떻게 재미나게 쓸까, 그동안 못한 공부를 해야겠어, 이렇게 방향을 바꾸지 않는 거죠. 방향을 바꿔야만 되는 거예요. 그래서 이 노동, 화폐, 소비의 사이클을 대면하고, '아, 이렇게 가면 계속 결핍만 느끼겠구나', 이것만 알아채도 이 상황을 조율하고자 하는 힘이 생깁니다.

그래서 궁극적으로 욕망은 에너지와 질량이라고 이야기할 수 있어요. 거기에는 어떤 가치가 없어요. 도덕적이고 비도덕적인 것이 없어요. 사람마다 다 다를 뿐이에요. 중요한 건 뭐냐면 이 발산, 수렴, 생성, 소멸의 과정을 내가 조율하는 것입니다. 당연히 내가 지금 당장 조율 못하죠. '어쩌란 말이냐' 하는 반발심 때문에 욕망에 더 몰입하는 부작용이 있을 수 있는데, 그게 아니라 내가 이걸 조율해야겠구나 하는 쪽으로 방향을 틀어야 해요. 당연히 지금 당장은 안 돼요. 그런데 방향을 틀고, 가고자 하는 방향을 보고 있으면 내가 힘이 생길 때 한 걸음씩 갈 수 있어요.

저는 이게 손오공, 저팔계, 사오정이 십만팔천 리를 간 비결이라고 생각합니다. 그러니까 그들은 가면서 그 욕망을 계속 썼어요. 하나도 숨기지 않고 썼어요. 너무 추하고 너무 더럽고 너무 파괴적이고 '쓰레기'라는 말로도 부족하거든요. 그 중에서 특히 저팔계한테 정말 감동했습니다. 저런 쓰레기 같은 인간도 끝까지 가는구나. 나는 쟤보다는 나은데, 저 정도는 아닌데, 하는 거죠. 어느 방향을 향하느냐가 중요합니다. 이쪽이냐 저쪽이냐. 방향을 바꾸지 않으면 절대로 이 사이클에서 벗어날 수 없습니다. 그래서 이게 저의 결론인데, 에로스와 로고스의 향연이 필요하다는 것입니다. 지금까지의 방향은 소유를 향한 것인데, 소유

"

증식이 아니라 내 존재의 끊임없는 생성을 향해야 합니다. 소유를 향한 길로 가면 기필코 우주적 왕따가 됩니다. 소유, 증식을 하는데 친구가 생길 리 없어요. 방향을 틀어야 우리는 이 무한한 공감의 바다로 나아갈 수 있다는 거. 이게 저팔계도 간 길이라는 걸 잊지 마셔야 합니다.

를 버리는 건 나중에 하셔도 돼요. '당장 어떻게 버리냐', 이런 고민을 하고 있으면 안 되고, 일단 '존재' 쪽으로 방향을 틀기만 하면 됩니다. 소유를 향하고 있으면 계속 증식되어야 하거든요. 증식이 아니라 내 존재의 끊임없는 생성을 향해야 합니다. 소유를 향한 길로 가면 기필코 우주적 왕따가 됩니다. 소유, 증식을 하는데 친구가 생길 리 없어요. 방향을 틀어야 우리는 이 무한한 공감의 바다로 나아갈 수 있다는 거. 이게 저팔계도 간 길이라는 걸 잊지 마셔야 합니다. 그러면 욕망을 숨기거나 내가 그걸 저장해 놨다가 몰래몰래 쓰거나 하는 이런 어리석은 일을 하지 않아도, 있는 그대로 그걸 끌어안고 한 걸음씩 갈 수 있습니다. 여기에 우리가 비로소 욕망으로부터 해방되는, 내 인생의 주인이 되는 길이 있지 않을까 생각합니다. 이상으로 강의를 마치겠습니다.

네번째
특강

길 위의 공부

북-인드라망, 길 위에서의 만남

이번 시간에는 제가 몸담고 있는 <감이당> 공동체가 실제로 활동하고 있는 모습을 중심으로, 어떻게 다른 길을 찾아볼 수 있을지를 함께 고민해 보는 시간을 갖고자 합니다. <감이당>이랑 <남산강학원>이 이곳 필동(깨봉빌딩)으로 이사온 지가 벌써 8년째 되는 것 같은데, 이곳으로 이사를 하면서 공부의 중심을 의역학과 동양고전으로 방향을 바꾸었어요. 동시에 저에게 역마의 기운이 몰려왔는데요, 그러면서 갑자기 공부의 비전이 실제의 길로 열리는 변화를 겪었죠.

그 시작은 2012년에 '열하일기' 다큐를 찍으러, 중국을 15일 여행한 것이었는데요. 그때 진짜 너무 피곤해서 끌려가는 마음으로 갔어요. 정말 『열하일기』만 아니면 안 갔을 텐데, 『열하일기』를 리라이팅한 '죄'로 끌려가서 촬영을 하게 되었는데요. 그때 중국에 있는, 지금 우리 공동체 식구들의 좋은 친구가 된 중국 코디를 만났어요. 길 위에 나서니까 누군가를 만났는데, 이 인연이 굉장히 깊어진 겁니다. 그래서 떠날 때는 마지못해 갔지만 돌아오면서는 '아, 이렇게 움직여야 되는 거구나'라는 걸 깨닫게 되었죠.

그런데 너무 신기하게도, 그 여행 중에 일본 히토쓰바시대학(一橋大学)에서 연락이 온 겁니다. 중국이 인터넷이 되는 데도 있고 안 되는 데도 있는데, 어느 날 인터넷이 되는 산해관 근처 호텔에서 그 메일을 확인한 거예요. 다음해에 일본에 와 달라고. 그게 너무 신기했어요. 연락한 분이 10여 년쯤 전에 수유너머에서 만난 분이거든요. 그런데 정말 길 위에 있는데, 그렇게 뜬금없이 다른 길로 오라는 연락이 온 거예요.

그래서 가겠다고 답장을 했는데, 한국으로 오기 전날인가 또 어떤 회사에서 강의 요청이 왔습니다. 이번에는 뜬금없이 말레이시아에서 강의를 해달라는 거예요. 광산 일로 직원들이 가족들이랑 다 말레이시아에 있는데, 거기에서 강의를 해줄 수 있냐는 겁니다. 그런데 비행기를 타고 가서 그 광산 지역으로 한참 더 들어가야 한다는 겁니다. 너무 먼 곳이다 보니 강의를 하고 바로 돌아가기는 그러니까 며칠 관광을 하고…. 이렇게 이야기를 하셨는데, 그건 도저히 시간 내기도 어렵고 마음의 준비도 되지 않아서 거절한 일도 있어요.

그전까지 제가 사실 '언젠가 뉴욕이나 이타카를 다시 가야겠다', 이런 생각을 하고, 누군가를 뉴욕이나 이타카로 먼저 보내 놓겠다고 돈을 좀 모으는 중이었어요. 하지만 그러면서도 정말 세계와 연결된다는 생각은 못했는데, 필동에 이사를 오고 중국을 다녀오면서 굉장히 다양한 경로로 세계 곳곳이랑 막 연결이 된 거죠.

그래서 그 다음해에 일본엘 가게 되었어요. 히토쓰바시 대학에 가서 강의를 했습니다. 한 200명쯤 앉아 있는데, 정말 정적이 흐르는 수업이었어요. 일본 대학생들은 그런대요. 유명한 가수가 와서 노래를 해도 차렷 자세로 듣는다는데 제 수업은 더 말할 것도 없었겠죠. 그런데 그 침묵이 정말 너무너무 신기하게도, 지금 우리나라 대학생들한테서도 나타나기 시작했어요. 거의 유체이탈 상태라고나 할까. 어쨌든, 그 대학에서 몇몇 선생님들을 만났는데 또 너무 친해진 거예요.

그러니까 중요한 건 길 위에서 누군가를 만난다는 거예요. 그런데 누군가를 만난다고 할 때 그걸 연결해 주는 건 '지성'밖에 없어요. 예를 들어 제가 사업을 한다고 생각해 보세요. 사업을 한다면 어떤 이해관계가 없이 이렇게 다른 나라로 갈 수가 없겠죠. 거기서 사람을 만나서 인연이 깊어지기도 정말로 어렵고요. 사업으로 사람을 만나는 건 교환관계에 들어가는 거니까. 그런데, '지성'을 통해 누군가와 친해지면 그 공간이 바로, 내 일상 안에 바로 들어옵니다. 제가 일본어도 못하고, 중국어도 못하고 이런 건 사실 아무 의미가 없어요. 사람을 만나는 게 중요한 거예요. 그렇게 만나다 보면 서로의 생각이, 뉴런들이 레이더처럼 접속을 하는 거고요.

그리고 또 하나 놀란 게 있었는데요. 그때 일본에 가면서 〈남산강학원〉 회원 둘을 데리고 갔었는데, 그 여행을 하는 동안 그 친구들이 그렇게 밝고 명랑하게 먹고 걷는 걸 처음 봤어요. 연구실에서 만날 때는 좀 우울해 보이고, 뭘 잘 안 먹는 것 같고, 맨날 몸이 무거워 보였거든요. 아직 40대였는데 몸이 이런 상태였던 거죠. 그런데 일본에서는 이 '노구'를 너무 생기발랄하게 움직이는 거예요. 이걸 보고 그때 제가 생각을 바꾸게 되었습니다.

그러니까 생각의 길을 바꾸게 된 계기가 두 가지

인 거예요. 하나는 거기서 만난 분들입니다. 한국에서는 대학교수들하고 만날 일이 없어요. 만나면 서로 우울할 뿐이에요. 그런데 그 선생님들은 대학이라는 제도권 안에 있는데도 친해질 수가 있었죠. 그분들도 뭔가 활동을 하는 분들이니까 연락을 한 거겠죠. 일면식도 없었는데 오직 책으로만 이어진 겁니다. 책을 믿는 거죠. 이렇게 가서 환대도 받았고, 너무 잘 통하고, 재미있는 거예요. 이것이 제 생각의 길을 바꾼 첫번째 계기입니다. 그다음으로 같이 간 후배들이 '내가 알던 그 몸인가?' 싶을 만큼 다른 모습을 보여 준 것을 보고, 몸이 공간에 따라 바뀐다는 걸 정말 리얼하게 확인했어요. 그러니까 지금 여기 있는 이 상태는 이 조건에서 여러분이 표현하는 방식인 거고, 다른 곳에 가면 다른 종류의 신체가 열려요. 그렇게 지성과 우정을 나누다 보니 귀국할 때 되니까 정말 오기 싫고, 돌아오는 날 우울해하고 그랬습니다.

이건 정말 뭐냐면, 지성, 지혜, 책이 연결해 주는 세상이에요. 이게 바로 '북-인드라망' 아닙니까. 도대체 어떤 것이 이런 관계를 만들어 줄까요? 그래서 저는 '인문학 해서 뭐 하려고? 밥이 나와, 돈이 나와?' 이런 말을 하는 분들이 제일 답답한데, 가장 확실하게 밥이 나오고, 돈이 나오는 건 이 보이지 않는 가치에 있어요. 무(無)에서 유(有)가 나오지, 유에서 유가 나오는 건 유통기한이 아주 짧습니다. 돈 놓고 돈 먹는 건 굉장히 유용해 보이지만, 그건 순식간에 다 거덜나는 거예요. 보이지 않는 무에서 유가 나와야 되거든요.

더구나 지금 디지털은 무와 유의 경계가 없습니다. 정보라는 것이 형체도 없고 보이지도 않는 건데 이걸 가지고 지금 온갖 걸 다 하잖아요? 물질의 세계를 만들잖아요. 그 이전에 원초적으로 이 지혜에서 물질이 나오는 것이지, 이 무형의 자산이 없이는 물질만 갖고 돌려막기를 할 수 없어요. 그건 망조가 들 때 하는 거거든요. 개인도 다 마찬가지예요. '나 배터리가 방전된 것 같애' 그러면 카드 돌려막기 하고 있는 거예요. 그다음 스텝은 곧 파산. 그다음은 정신과 치료. 혹은 자살충동. 뻔한 경로죠. 근데 내가 정신적인 자산을 가지고 있을 때는 설령 망해도 그다음에 이 실패에서 뭔가 배우고 도약할 수 있는 베이스를 갖게 됩니다. 그런 사람은 완전히 추락했을 때도 우울해지지 않고 오히려 더 활발해져요. 새로 시작할 수 있으니까요. 파산이 꼭 나쁜 것만은 아니에요. 특히 기존의 관계를 다 정리해 준다는 측면에서. 한 방에 정리해 주죠. 그동안 끊어야 되는데 못 끊는 관계들 파산하면 다 끊겨요. 직장 다닐 때 진드기 같은 관계들 있잖아요. 직장 그만두면 싹 끊어져요. 이런 이야기를 다들 좋아하시네요.(^^)

그렇게 일본에 갔다 와서 제가 '참 좋았다' 그러고 끝낼 수도 있었을 겁니다. '일본에 참 좋은 분들이 많고, 재미있었고, 환대를 받았어', 이렇게 끝날 수도 있는데, 저한테는 이게 공동체의 새로운 비전으로 변환이 된 거예요. 뭔가 그런 시절이 온 거겠죠. 그래서 그 이전에 준비하고 있던, 뉴욕으로 누군가를 보내야겠다는 계획을 실행에 옮기기로 한 거죠. 그러니까 느닷없이 다가온 역마살이 저의 욕망, 그리고 여기 공동체의 어떤 변곡점하고도 딱 마주치게 된 겁니다.

일본에서 돌아와서 바로 'MVQ'(무빙 비전 탐구)라고 하는 블로그(mvq.co.kr)도 만들고, 그다음에 '책을 읽고 길 위에 나서자', 이런 얘기를 한 거죠. 그러면 다들 부담스러워서 싫다고 할 줄 알았어요. '책 읽

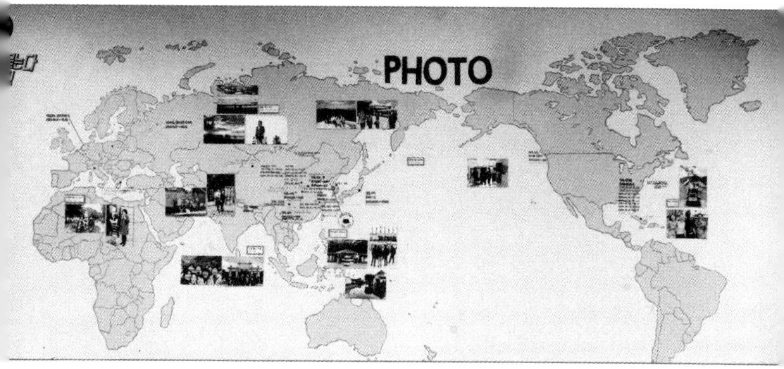

'무빙 비전 탐구'를 시작하면서 <남산강학원>이 있는 깨봉빌딩 3층 벽에 붙여 놓은 지도. <감이당>과 <남산강학원>의 회원들이 국경을 넘어 비전을 탐구한 기록이 표시되어 있다.

기도 힘든데, 여행도 해야 되나', 그런 소리를 할 줄 알았는데. 웬걸, 정말 마치 너무나 기다렸다는 듯이, 너무 기민하게 여행 계획을 짜 가지고, 나는 새로운 활동 비전을 세우고 있는데, 벌써 러시아를 갔다 왔다고 그러는 겁니다. 무슨 책을 읽고 러시아에 갔다 왔는지도 모르는데 일단 갔다가 왔대요. 그래서 처음에 비전을 세우면서 깨봉 3층 벽에 붙여 놓았던 세계지도에 순식간에 표시들이 막 늘어난 겁니다. 네덜란드가 되게 먼 데잖아요. 그 먼 데를 어떻게 그렇게 민첩하게 갔다 올 수가 있는지. 그러니까 어떤 그 분자적 운동이 막 생겨난 거거든요. 그래서 그때 제가 '지금 세대는 신체적으로 이미 국경이 없는 세대구나'라는 걸 온몸으로 느끼게 되었습니다.

민주주의와 욕망

이걸 모르니까, 우리 안에서 대학생들 보면 정말로 괴로워요. 저렇게 무기력한 신체로 어떻게 살 수 있을까. <감이당>이나 <남산강학원>에 오는 20대들도 다

안 좋은 상태로 오거든요. 그런데 솔직히 괜찮았던 적이 있었는지를 모르겠어요. 저 청년들이 싱싱한 청춘이었던 적이 있었는지를 묻고 싶어요. 날 때부터 그냥 맥없이 나온 느낌이에요. 그래서 나이 든 세대는 이건 스마트폰 때문이고, 뭐 때문이고, 살기가 어렵고…. 막 이런 경제적인 이유를 대죠. 그런데 언제까지 이렇게 푸념만 하면서 분노하고 짜증내는 걸로 시간을 허송할 것인가? 이런 것에 대해서 좀 염증이 나기도 했습니다.

이렇게 청년에 대한 문제를 생각하다 보면 여러 가지가 연결이 되어서 뻗어 나갑니다. 정치경제학적인 측면에서 살펴보자면 지금 사람들은 제도적 시스템과 상품 서비스 사이에 있어요. 제도는 국가, 정치, 민주주의 이런 식으로 작동하는 거예요. 그러면서 인권, 자유, 평등 이런 걸 주장하는 거죠. 그런데 이 제도의 원리가 상품 서비스로 가면 하나도 적용이 안 돼요. 이 모순에는 진보적이라는 분들도 참 무감각하다는 거죠. 사람들이 제도의 측면에서는 모순과 비리 같은 것은 결코 용서할 수 없고, 격렬히 저항해야 하고…, 그렇게 생각하고 행동합니다. 그런데, 그와 동시에 상품에 중독되어 있는 거죠. 그럼 나는 민주 시민이에요, 아니에요? 상품 서비스라는 면에서는 아닌 거죠. 완전히 노예가 되어 있고, 노예가 되는 걸 받아들이고 있는 겁니다. 이게 이상하지 않나요?

그러니까 '우리는 왜 그토록 민주주의를 위해 싸운 거지?'라고 질문을 해봐야 합니다. 다름 아닌, 우리 자신의 삶이 고귀해지기 위해서입니다. 고귀해지는 게 뭐냐면 권력이 주는 공포로부터 벗어나는 거예요. 거기에는 자유가 없으니까요. 하지만 동시에 어떤 쾌락에 중독돼서도 안 되는 거고요. 두려움과 중독, 이 두 가지가 나를 노예로 만드는 거예요. 두려움은 주로 제도와 국가장치로부터 오는 거예요. 거기서 오는 차별이 있습니다. 미국은 아직도 인종차별 때문에 많은 사람이 희생되고 있잖아요? 이거는 정말 국가폭력이거든요. 이런 폭력과는 싸우는 게 맞아요. 자유를 위해서. 나 자신의 존엄성을 위해서. 그런데 이것만 있는 게 아니죠. 지금 나를 노예처럼 부리는 건 나의 제어되지 않은 욕망에도 원인이 있어요. 쾌락이 그렇게 하는 겁니다. 이 쾌락에 중독이 되고 마비가 되는 것에 대해서는 왜 이렇게 무방비 상태냐는 거죠.

저는 이런 문제를 사회과학적 차원에선 풀 수 없을 거라고 생각합니다. 사회과학을 쉽게 믿을 수 없는 이유가 이거예요. 과연 자유와 평등, 법과 인권 등이 구현되면 사람들은 자유로워지는가, 생각해 보자는 거죠.

이렇게 상품에 쩔어 있고 쾌락에 중독이 되면, 관계도 마찬가지가 됩니다. 상품이 주는 쾌락과 제일 연동되어 있는 게 '에로스'거든요. 연애할 때 똑같은 자세가 된다고요. 앞 강의에서도 이야기했지만, '니 거 내 거' 이러고 있는 거죠. 그게 상품을 살 때랑 뭐가 달라요? '이걸 살까 말까, 살까 말까'하는 거랑. 그리고 워낙 얼굴이 똑같아져서 구별도 잘 안 되겠죠. 그래서 쾌락에 중독이 된다는 게 '어떤 상품을 좋아한다', 이런 개인의 취향 문제가 아니라는 겁니다. 관계도 그런 식으로 맺게 된다는 거거든요.

사람과 관계를 맺는 데 있어서, 나아가 내가 하는 일에 대한 태도, 생로병사, 노후, 이런 모든 문제에 대해서 과연 민주적인 방식의 윤리가 가능할까요? 이 모든 문제에 소유가 작동하는데 소유는 지배와 서열을 만들어 내죠. 소유욕이 없이 쾌락이 가능하지 않죠. 또 모든 소유는 궁극적으로 폭력을 지향하게 돼 있어요. 내가 무언가를 갖겠다는 건 이것이 갖고 있는 생명력을 완전히 말살하거나 제압을 할 때 가능한 거죠. 내가 얘를 사랑하는데 얘가 다른 곳으로 튀어 나가려고 한다. 그때 그것을 그냥 지켜봐야 한다면 소유한 게 아니겠죠. 소유한다는 건 뭐냐면, '그렇게 나대지 말고 내가 원하는 방식으로 움직여', 이렇게 할 수 있어야 하는 거죠.

그런데 이런 상품과 서비스를 향한 욕망에 대해서는 아무런 어떤 저항이 없다는 게 저에게는 너무 놀라운 거예요. 정치인들이 하는 성범죄에는 분노를 하죠. 그러면 이 뿌리가 어디 있는가를 생각해 봐야 합니다. 우리가 누리는 이 많은 문화가 다 소유와 폭력 안에 있는데, 이런 건 사생활이라고 해놓고 그러다 범죄가 드러나면 분개하는데, 그게 참 공허하기 짝이 없는 거죠. 그리고 지금 아이들을 보면 부모와 민주적인 관계를 맺나요? 선생님에 대해서도 존경을 해요? 안 하죠. 나를 사랑한다고 생각하는 사람한테는 막 대하는 게 현대인의 윤리입니다. 엄마가 날 사랑한다고 하면 완전히 무슨 하녀 부리듯이 해요. 엄마가 만만치 않으면 좀 기기 시작하는 거고.

남녀 관계도 똑같잖아요. 누가 더 사랑하는지 따지고, 더 사랑하면 약자라는 둥 그런 이야기를 하죠. 그래서 나를 엄청 사랑한다고 하면, 그때부터는 정말 뭐 부리듯이 하죠. 여기 3층에서 뛰어내리라 그러고, 새벽에 8차선 도로를 막 지나가라 그러고…. 이런 폭력은 정말로 변태잖아요. 그런데 또 시키는 대로 하면, '나를 엄청 사랑하나 보다'라고 이렇게 생각하는 거죠. 이런 남자를 원하는 겁니다. 이런 것이 결국 폭력의 사슬에 들어가는 거죠. 그래야 쾌락을 느낄 수 있으니까. 이런 식으로 폭력과 소유를 계속 연습하고 있습니다.

그래서 결국 세상이 아무리 민주적이고, 인권과 법이 나를 위해 준비되어 있어도, 나는 근원적으로 불안해요. 왜냐면 여전히 소유하거나 소유당하는 관계 속에 있으니까요. 주인 아니면 노예. 이 관계에 평화가 있습니까? 그런 상태라면 민주주의는 참으로 무력해집니다. 인간 존재의 윤리적 균형추를 갖추도록 하는 훈련장이 없으니까요. 그래서 정치도 결국 서비스가 되는 거예요. 그래서 우리가 제도가 정비되고 국가 예산이 많아질수록 잘 살게 될 것 같지만, 절대 그렇지가 않아요. 결국 내 힘으로 해야 될 거를 전부 다 국가에게 요구하는 거밖에 안 돼요. 그래서 지금도 정치인들이 쪽지 예산을 뜯어내서 지역구민한테 막 갖다주는 거예요. 그렇게 여기저기서 삥 뜯는 온갖 기술을 터득합니다. 각계각층에서 오만 가지 편법이 펼쳐지는 거죠.

민주주의라는 게 이 수레바퀴에 들어가는 것이 되었고, 그러면 이제 결국 나는 삥 뜯어서, 내 쾌락을 채우는 쪽으로 이 국가 시스템을 대하게 되는 겁니다. 그러면 이렇게 뜯어낸 돈들은 어디로 갑니까? 다 상품으로 가는 거죠. 그래서 공금을 횡령해서 유흥업소에 가서 털리는 겁니다. 연령이나 성별 상관 없이 거의 다 이 라인을 타더라고요. 최근에 벌어진 사건을 보니 은행 여직원이 16억인가를 털어서 그 남자친구가 로또 사고 유흥업소 가고 그러는 거죠. 이 라인!

이렇게 되면 상품과 서비스에는 중독이 되고 제도 앞에서는 무력해지는 신체성을 갖게 되는 겁니다. 저는 이것이 지금 현대인에게 놓여 있는, 뚫고 나가야 되는 늪 같은 거라고 생각해요. 그러니까 이런 문제는 일자리가 많아진다고 해결되지도 않습니다. 그리고 생각해 보면 일자리가 더 늘어날 수도 없을 것 같아요. 정치인들이 무능한 탓도 있지만, 사람들이 자기 소유를 포기하지 않는 한 일자리가 늘어날 리가 없잖아요? 어떻게 더 늘어나겠어요? 물건은 세상에 넘쳐나고 산이나 숲은 이미 뒤집어엎을 거 다 뒤집어엎었고. 뭘 더 해야 돼요?

돈이 아니라 활동

빈부격차의 문제도 많이 이야기가 되고 있죠. 빈부격차가 커지니까 박탈감 때문에 감정이 강팍해진다고 하죠. 그것도 맞죠. 그래서 빈곤층이 박탈감이 있는 건 이해한다 쳐요. 그러면 중산층들은 다 심리적으로 여유가 있어야 되는 거 아닌가요? 왜 중산층도 불안해하는 거죠? 그럼 이게 과연 돈, 경제적인 부의 증식으로 해결이 되는가라고 질문을 해야 합니다. 계속 '불황'이라고 이야기를 하는데, 제가 생각하기에 경제가 살아나기를 바란다는 것은 돈이 뭘 해결해 주는 게 아니라 '내가 활동할 수 있는 장이 생겼다'는 뜻이 되어야 하는 겁니다. 사람들은 부지런히 뭘 하는 걸로 '내가 잘 산다'는 생각을 하게 돼 있어요. 그래서 그냥 예산을 편성하거나 재벌한테 돈을 받아서 나눠주는 걸로는 해결이 되지 않습니다. 실제로 그런 걸 원하는 게 아니에요. 사람들이 로또를 그렇게 원하지만 실제로 원하는 건 뭐냐면, 그 돈을 가지고 친구들하고 만나서 뭔가 으쌰으쌰 하기를 바라는 거죠.

왜 사업 거덜나는 사람들이 다 이렇잖아요. 엄마나 부인이 모아 둔 돈을 가지고 가서 막 황당한 사업계획을 짜죠. 이걸 짤 때 되게 보람차합니다. 그러고는 동업자들과 술 마시고 말도 안 되는 데 돌아다니면서 공사한다고 그러고. 그러면서 홀라당 들어먹거든요? 그런데 그렇게 사는 사람들은 그다지 상실감이 없어요. 그렇게 까먹는 동안 잘 살았거든요. 그래서 이제 다시 어딘가에 목돈이 쌓이기를 기다려요. 주변의 누군가가 돈을 모으길 기다리는 거죠. 이거는 사실 영화 감독이 돈 끌어오는 거랑 비슷해요. 영화야말로 성공을 장담할 수 없는 사업이잖아요? 실제로 대부분의 영화는 손익분기점을 넘기지 못하고요. 그래서 주변에 영화감독 있으면 절대 인연을 맺지 말라고 하죠.(^^) 그러니까 이게 꼭 성공해서 대박을 치는 걸 원하는 게 아니라, 이걸 하는 과정, 사람들과 같이하는 그 상태를 원하는 거예요.

그런데 어떤 면에서 이게 일반적이라는 거죠. 현대인들이 지금 이걸 못 보고 있는 거 같아요. 일자리 자체가 아니라, 내가 오늘 일어나서 활동하고 누군가를 만날 수 있는 네트워크가 필요하다는 겁니다. 그게 더 핵심이고 돈은 그다음인데, 오직 돈의 관점에서 보려고 하니까 더이상 무슨 일자리를 더 만들어 낼 수 있겠어요. 기업에서는 '그렇게 하면 경제성이 없고 실패하는데, 어떻게, 왜, 일자리를 더 만들라고 하나?' 이렇게 되겠죠.

그리고 기업 총수들은 돈이 많으니까 '너 좀 풀어야 되지 않냐'라고들 하죠. 맞는 이야기입니다. 그런데 중산층도 좀 풀어야 되지 않을까요? 먹고살고 남는 게 있으면 중산층은 많이 푸십니까? 그것도 일방적인 거예요. 왜냐면 이 중산층이 대박을 쳐서 재벌이 되면 똑같이 돈을 풀지 않을 거니까. 풀어 본 적이 없는데 어떻게 풀겠어요. 도둑질도 '해본 도둑질'이라고 하잖아요. 이건 뭐냐면 가난한 사람이나 부자나,

'돈을 어떻게 쓸 것인가'에 대한 윤리가 없는 한, 이 문제는 공염불이라는 말이에요. 절대 빈곤의 경우에는 당연히 공동체 모두가 해결해야 되지만, 중산층도 부자한테 그렇게 말할 권리가 없어요. 내가 가진 적법한 사유재산이니까 이건 오직 나만을 위해 써야 해, 친척하고도 나누기 싫어, 백수인 내 친구 밥도 사 주기 아까워, 이런 거랑 똑같은 거 아닌가요? 욕망의 행로는 동일한 셈이죠.

그래서 이런 식으로 되는 한, 돈은 흐르지 않습니다. 이건 불통이에요. 그럼 인간관계도 마찬가지로 흘러가지 않는 거예요. 그럼 활동의 장이 줄어들어요. 다 자기 거 꿍치고 있으니까. 그러면서 맨날 제도 타령을 하는 거죠. 그래서 정치의 방향도 자꾸 빚을 내서 제도, 서비스를 확충해 주는 쪽으로 가잖아요. 우리나라 빚이 천 조가 가까워지고 있다면서요. 그거 언제 갚는 거예요? 태양계가 끝날 때까지 갚을 수가 있는 건가요?(^^)

왜 돈을 벌고, 왜 민주주의를 해야 됩니까? 인간이 본성을 잘 발현하기 위해서잖아요. 그러니까 저는 어렸을 때 광산촌에 살면서도 이런 생각을 했었는데,

"

경제가 살아나기를 바란다는 것은 돈이 뭘 해결해 주는 게 아니라 '내가 활동할 수 있는 장이 생겼다'는 뜻이 되어야 하는 겁니다. 사람들은 부지런히 뭘 하는 걸로 '내가 잘 산다'는 생각을 하게 돼 있어요. 그래서 그냥 예산을 편성하거나 재벌한테 돈을 받아서 나눠주는 걸로는 해결이 되지 않습니다.

광산촌에 살고 아버지가 광부였으니까 얼마나 가난했겠어요. 당연히 저도 돈을 엄청 벌고 싶었어요. 돈을 벌면 뭘 하죠? 당연히 친구들이랑 나눠 먹는 거죠. 그건 본성이거든요. 왜냐? 이 우주와 자연 속에서 어떤 것도 축적함으로써 생명을 낳는 건 없어요. 태양에 빚을 그렇게 지면서 태양에 빚을 갚으려고 해본 적 있어요? 너무 당연하게 태양이 뜨고 식물이 광합성을 하게 해주고, 그 많은 먹거리를 내려주는 거죠. 그래서 이 자연의 순환이 영성이라는 지혜로 인류에게 계속 전승이 되는 거예요. 그러니까 지옥이 뭐냐 하면 오로지 소유와 축적으로만 살아야 하는 곳이겠죠.

그래서 지금껏 인류가 문명을 일궈 온 건 '소수가 아니라 다수가 먹고살 만해지면 모두가 스스로 영성의 지혜, 자연과 더불어 사는 '자연지'를 터득하게 될 것이다, 그게 가장 고귀한 삶이다'라고 믿었기 때문일 거예요. 그래서 산업혁명을 하고, 프롤레타리아 혁명을 하고 그랬던 거죠. 80년대는 '노-학 연대'라는 게 있었거든요. 전태일이 바로 그런 존재였고. 지금 어떤 노동조합도 전태일보다 힘들게 일하겠어요? 전태일보다 100배 이상은 잘살겠죠, 경제적으로. 그러면 지금 전태일보다 더 많은 공부를 해서 그 지혜를 순환시키는 역할을 해야 하는 거 아닌가요? 그래야 우리가 주장하고 추구했던 '혁명적 이상'이나 이런 것들이 맞았다고 할 수 있는 거 아닐까요? 그런데 왜 지금 노동조합은 비정규직도 싫어하고, 이주민 노동자들도 거부하는 거죠? 자기 라이벌이 되는 건 다 싫어하잖아요. 더 이상한 건 전태일의 후예라고 하면서 공부는 왜 안하는 거예요? 저는 늘 그게 궁금합니다.

그러면 우리는 왜 이렇게 물질을 욕망하고 그것에 집착하게 될까요? 물질에 예속되지 않으려고 그러는 거겠죠. 굶주리면 두렵잖아요. 그리고 먹을 걸 위해서 내가 누군가에게 무릎을 꿇어야 하는 게 싫은 거죠. 인간에겐 무릎 꿇는 것이 가장 불편한 자세잖아요. 직립보행을 하니까, 인간은 무릎 꿇는 걸 싫어해요. 동물들은 잘 꿇어요. 엎드려서 사니까. 항상 자세가 돼 있죠. 그런데 인간은 직립이 기본이라 내가 누군가에게 무릎을 꿇고 부림을 당한다, 그건 정말로 견디기 어렵죠. 그래서 돈을 벌고 물질을 일궈 온 거잖아요. 그런데 지금 이렇게 먹을 게 많고 집도 예전에 비하면 쾌적하고 물질적으로 누리는 게 많은데, 왜 이렇게 쉽게 무릎을 꿇는 거죠? 물질로부터 누리는 쾌락을 놓기 싫은 거잖아요. 결국 상품이 주는 재미에 빠진 건데, 이런 거 말고 다른 어떤 절실한 이유가 있을까요?

그렇게 살다 보면 결국 본성이 억압당하게 되고, 그러니까 우울하죠. 중산층도 우울하고 뭘 많이 이뤘다고 하는 사람도 우울합니다. 본성이 억압당하는 상태에서 생리적으로 행복을 느끼게 하는 물질 같은 건 나오지 않거든요. 정화스님이 강의에서 쾌락 물질로 도파민, 아드레날린 같은 게 나온다고 하는데, 그런 물질은 짧은 쾌감 뒤에 금방 싫증이 나거든요. 그게 아마 생물의 자기 보호 장치일 것 같아요. 안 그러면 거기에 계속 몰입해서 죽을 때까지 쾌락 속에만 있으려고 할 거 아니에요. 그래서 쾌락을 느끼고 나면 반드시 굉장히 큰 상실감을 느끼도록 진화를 한 거죠. 상품도 계속 새로운 걸 사야 되는 이유가 그거거든요. 그래서 보통, "과정이 중요하지 결과는 안 중요해"라고들 이야기를 하는데요. 이 말처럼 과정일 때는 활발하게 움직이죠. 이때는 참 좋죠. 그런데 결과물을 얻은 다음에는 바로 지루해지는 겁니다. 이런 이야기에는 무슨 특별한 종교나 지성이 필요 없어요. 생리적으로 바로 확인되는 사항이니까요.

중산층인데 이런 고민을 이야기하는 분들이 있어요. '남편이 바람을 피워요. 아내가 집을 나갔어요. 애가 공부를 못해요.' 이런 고민들은 굉장히 구체적이에요. 번뇌가 아주 리얼하죠. 절대 나쁘지 않은 거라고 생각합니다. 그 문제와 계속 대결하면 되니까요. 집 나갔으면 찾으러 가면 되고, 바람 피우면 가서 설득을 하든가 헤어지면 되고, 애가 성적이 안 좋으면 다른 길로 유도하면 되고, 이러면 살아 있는 거잖아요. 그런데 '남편이 돈도 잘 벌고, 애도 공부를 잘하고, 나도 집 나갈 일이 없다', 이런 분들이 다 우울해해요. 그럼 이분들에게 상처는 뭐예요? 이 모든 걸 가진 게 상처인 거예요. 살아 있다고 느낄 수가 없다는 거죠. 내가 세상에 참여하는 일이 없는 거거든요. 가족조차도 내가 없어도 다 멀쩡하게 잘 돌아가네? 이러면 더더욱 상처를 받는 거죠.

그러니까 이거는 생물학적 이치인 거예요. 성공한 사람들이 "아, 옛날에 노점하고 그럴 때가 참 좋았어"라고들 하는데, 이 말은 진실입니다. 왜냐하면 생명은 무언가에 참여할 때만이 살아 있다고, 기쁘다고 느낍니다. 그런데 이것이 물질을 향해서만 갈 때는, 어느 단계에 도달을 하고 나면 속이 텅 빈 느낌이 드는데, 물질적 성취에선 무슨 의미를 찾을 수가 없으니까, 그래서 쾌락으로 가는 겁니다. 이렇게 소유와 쾌락에 붙들리면 불통의 신체가 됩니다.

사람들과의 관계에서도 마찬가지인데, 누군가를 열렬히 원할 때, 막 쫓아다니고, 마음을 얻으려고 애를 쓸 때는 살아 있다고 느낍니다. 매일 '어떻게 하면 저 사람의 시선을 끌까'를 고민한다는 거죠. 그런데 마침내 그 마음을 얻어서 그 사람이 하루 종일 나를 기다리고 있으면 왠지 시들해져요. 그러고 만약 결혼까지 해서 그 사람이 집에 있으면 더 들어가기가 싫죠. 그래서 '분명히 난 행복한데 왜 이렇게 집에는 늦게 들어가고 싶지?' 하는 의문이 생깁니다. 그런데 이게 생물학적이라고요. 소유를 향해 달려가는 때에는 소유로부터 오히려 자유로워요. 그런데 정작 그것을 가진 다음에는 이 소유가 경락을 막히게 하는 담음이 되는 거죠.

산업 자본주의 시대에는 기본적인 먹거리랑 애

학비도 해결이 안 되니까, 이걸 위해서 평생 동안 일을 하잖아요. 그래서 이분들은 돌아가실 때까지 일을 하세요. 자식들이 이제 그만 일하고 해외여행도 다니고 그러시라고 그러면, 그때부터 팍삭 늙어요. 생명은 근원적으로 '활동'과 '네트워크'를 좋아하기 때문입니다. '관계'와 '활동'. 이것이 내 삶을 규정하는 거예요. 그런데 소유와 성공, 곧 돈과 관련된 것에만 매달리면 꽉 막히게 되고, 그리로 달려가면 그다음에는 멘붕이 오는 거죠. 이게 기성세대, 특히 그 중에서도 기득권층들이 그렇게 많은 문제를 일으키는 이유인 것 같아요. 전 국민적으로 연민이 필요해요 이거는. 분노가 아니라 엄청난 연민을 발사해야 합니다.

살맛 나는 삶을 위하여

그래서 이제 정말 '생명이란 무엇인가'에 대해서 진짜 많은 고민을 해야 합니다. 왜냐하면 우리가 혁명을 하든, 개혁을 하든, 민주주의와 문명을 일구든, 결국에는 사람은 '살맛이 난다'는 것이 핵심이기 때문이에요. 우리가 이걸 어느 순간에 놓쳤어요. 원래 이 '살맛 나는 삶'을 향해서 문명이 달려왔어요. 살맛이 난다는 건, 내가 일어나서 어떤 활동을 하고 관계를 맺는데 이게 어디선가 멈추지 않는다는 거죠. 계속 누군가로, 어딘가로 이어진다는 거죠. 활동과 관계가 단절되고 멈추면 바로 매너리즘에 빠집니다. 그래서 우리가 길 위에 있어야 되는 거예요. 그래야 우주적인 존재가 되는 거고요. 이건 '글로벌 비전'을 갖고 이런 게 아니라, 항상 어떤 과정 속에 있어야 한다는 걸 말하는 거예요. 왜냐, 우리 인생 자체가 과정 속에 있기 때문입니다. 시작과 끝이 있는 게 아니거든요. 그래서 '살맛 나는 삶'이 핵심이라는 겁니다. 어떤 사회체제가 되든, 이 핵심이 살아 있어야 하고, 여기에 초점을 맞춰야 합니다. 정치든 경제든 뭔가 틀과 제도를 짜 놓고 '이대로만 하면 잘 살 거야'라고 하면, 결국 화폐로 다 환원이 돼요.

하지만 화폐만으로는 해결되지 않는 문제가 있는 거죠. 예컨대, 여러분이 노인이 됐다고 생각해 보세요. 여러분들 다 노후가 걱정이 되겠지만, 만약 노인이 돼서 내가 연금을 받는다고 쳐요. 그런데, 가족

하고는 당연히 대화가 안 돼요. 가족 간에 공통분모가 없기 때문입니다. 가족처럼 공통분모가 없는 커뮤니티도 드물어요. 왜냐면 내가 하는 일을 부모님이 아실까요? 반대로 부모님이 친구분들하고 이야기하는 걸 자식들이 알아들을 수 있나요? 가족 간에는 이야기를 이해하지 못하고 그냥 건성으로 대답하잖아요. 부부 사이도 일의 활동영역이 다른데, 같이 산다고 해서 공감이 되냐고요. 예전처럼 가족이 모두 농사일을 할 때는 가능하죠. 같이하는 일이 있으니까. 제일 중요한 건 같이 활동을 해야 된다는 거예요. 그렇지 않고서야 자식과 부모가 어떻게 대화가 되냐고요.

그래서 이 가족 안에서 모든 소통을 하라고 하는 건 말도 안 되는 거예요. 거기서는 치유될 수 없어요. 각자의 네트워크 안에서 활발하게 움직이면서 그 기운으로 가족을 베이스캠프로 삼아서 이합집산해야 돼요. 근데 그나마도 나이 들면 해체되고 말죠. 이건 돈이 있다고 해서 어떻게 할 수 있는 게 아니잖아요. 나이가 들어서 이웃도 없고, 같이 활동할 수 있는 친구도 없으면, 아무 데도 갈 데가 없는 거예요. 고독사밖에 남는 게 없는 거죠. 이게 핵심인 거예요. 돈이 있든 없든 내가 매일 갈 수 있는 마을회관이 있고, 노인정이나 도서관이 있어야 하는 거죠. 결국 이런 게 없으면 이 무료함을 견딜 수 없어요. 왜냐하면 생명활동 자체가 멈추는 것이니까요. 그래서 이런 생명활동이 어떻게 순환할 것인가로 제도든 공동체든 나아가야 된다는 겁니다. 그런데 국가는 자본주의랑 결탁이 됐기 때문에 그런 식의 제도를 만드는 데 아주 한계가 많을 거라고요. 구청이나 도서관 같은 곳에서 생각이 있는 분들이 여러 시도를 할 수는 있지만, 그래도 제도권은 사실 움직이기가 굉장히 어려워요.

우선 중요한 건 움직이는 것이고, 관계를 능동적으로 만들어야 한다는 겁니다. 자기가 하는 활동이 자기 삶이에요. 어디에 가서 거기서 주는 혜택을 받을 생각하지 말고, 거기서 내가 할 수 있는 공부와 활동이 무엇인가를 봐야 합니다. 〈감이당&남산강학원〉에서 청년백수의 정치경제학을 강의도 하고 프로그램을 만들고 하면 어떻게 생각하냐 하면, '아, 여길 오면 청년 문제를 다 해결해 주나 보다', 이렇게 생각을 합니다. 그런데 그런 식으로 누가 해결해 주면 안 되죠. 그건 본인의 삶이 아니잖아요. 사실 청년들에게 제도가 개입을 하면 무력해지고, 반대로 또 아무 장치가 없으면 청년들이 할 수 있는 활동 자체가 매우 협소해지죠. 왜냐면 기본적으로 자산이 없잖아요. 특히 인간관계에 대한 노하우가 특히 그렇습니다. 그러니까 이게 세대 간에 소통이 필요한 이유입니다. 장년의 능력과 경제력이 청년들에게로 흘러가고, 청년들은 그걸 배경으로 스스로 길을 열고…. 이런 식의 순환이 되어야만 공동체가 살아 있게 되는 거죠.

이 문제가 10년 전 수유너머 할 때까지는 그렇게 절실하게 들어오지 않았었어요. 그런데 그 문제가 하나 풀린 거죠. 청년들을 움직이게 해야 한다는 겁니다. 그래서 여기 오면 '청소해라' '밥해라' 하는 거죠. 여기서의 스펙은 청소 잘하고 밥 잘하는 겁니다.(^^) 청소를 대충 하고 밥 당번 할 때 뺀질거리고 그러면 안 되는 거죠. 이렇게 해서 몸을 쓰게 하는데, 그래도 안 된다 그러면, '아침에 와서 108배를 해라', '남산타워까지 뛰어갔다 와라' 이렇게 하도록 하는 거죠. 이렇게 해서 의역학으로 몸에 대한 길을 열었어요.

그동안은 관계를 맺을 때 다른 사람의 성격, 인격, 이런 걸 가지고 서로 따졌죠. 이렇게 하는 것이 합리적인 것 같지만, '다 옳아. 옳은데 그냥 싫어', 이렇게 되는 경우가 많다는 거죠. 뭔가 잘못해서 지적받으면, 변명은 엄청 잘하거든요. 변명이 아무리 그럴싸해도, '어 그래 맞아. 근데 나는 니가 아주 재수없어' 이렇게 나오면 어떻게 합니까. 그러니까 이렇게 이성적이고 합리적인 방법으로는 안 풀려요.

그래서 이제 '몸의 기운을 바꾸자', 이게 의역학이 준 새로운 비전이에요. 그러면 숨길 필요가 없고, 변명을 구질구질하게 할 필요도 없어요. 밥을 잘 먹던 사람이 밥 먹을 때 잘 안 나타난다, 그러면 분명히 무슨 일이 있는 거죠. 밥 먹는 모습을 보면 '아, 헤어졌구나', 얼굴과 몸을 보면, '아, 쟤는 공부가 잘되고 있구나'라고 알 수 있어요. 변명이 필요 없습니다. 얼굴꼴이 말이 아닌데, 글이 잘 나온다? 이런 일은 있을 수가 없어요. 그러니까 이런 게 새로운 비전인 거죠. 기존에는 우리가 합리주의, 계몽이성, 이런 걸 기준으로 막 서로 '니가 옳네, 내가 옳네' 하면서 싸우고 그랬죠. 그래서 결국 남는 건 뭐 자기의 주체성인데. 이건 '자기 건 하나도 손해볼 수 없다', '나의 자아는 하나도 변하지 않았지만, 나를 받아줘', 이런 식으로 생각하는 거거든요. 그렇게 가면 안 된다는 겁니다. 중요한 건 '내가 자율적으로 움직이면서 관계와 활동을 구성할 수 있느냐', 거기에 달린 거예요.

이런 식의 관계와 활동의 구성은 제도권은 절대 할 수가 없으니까, 이 커뮤니티에서 어떻게 그 공부의 길을 열어 갈까를 고민해 본 거죠. 그래서 고전 쪽으로 공부의 길을 열어야 하는데, 일단 고전을 배운다는 건 평생 길 위에 있는 거라고 할 수 있어요. 왜냐? 끝날 수가 없으니까요. '고전을 어디까지 배웠다, 끝', '하산하겠습니다', 이럴 수는 없는 거죠. 고전을 배운다는 것은 우주 만물과 소통하는 것과 같은데, 앞에서도 말했지만, 이것은 지평선을 향해 달려가는 거랑 같아요. 지평선은 달려가서 도달할 수 없어요. 달려감 자체만 있는 거예요. 그래도 지평선은 있어야 되는데, 그걸 비전이라고 하는 거예요. 목표가 아닌 비전!

그래서 이 비전을 향해 한 걸음씩 나아가야 하는데, 문제는 이것이 몸하고 만나야 되는 거죠. 몸하고 어떻게 만나게 할까요? 나이가 들면 노쇠해져서 오히려 공부에 집중이 되는데, 10대 20대는 체력은 되지만 집중은 안 되죠. 그러니까 굉장히 불안정하잖아요.

사실 청년들이 그런 것은 당연하고요. 이런 상태에서 스스로 움직이게 하는 일, 그게 제가 발견한, '국경을 넘어서 길 위에 서는 것'입니다.

자기배려(큐라스)와 탐구(퀘스트)의 길

그래서 두 가지 비전 큐라스(Quras)와 퀘스트(Quest)가 필요하다는 겁니다. 먼저 '큐라스'는 '자기배려'. 즉 자기를 스스로 컨트롤하는 능력인 겁니다. 이 컨트롤의 명확한 목표가 뭐냐면, 두려움과 쾌락에서 벗어나는 것입니다. 애매하게 말하면 안 됩니다. '자기위로' 이런 게 아니에요. '나를 압박해 오는 이 자본주의적인 시스템의 공포'가 있다고 모두 말하거든요. 애들을 좀 자율적으로 공부를 시키라고 하면 '주변에서 자기를 가만두지 않는다'고 이야기를 합니다. 그게 일종의 두려움과 불안이에요. 그건 이웃으로부터 오는 거예요. 국가가 그렇게 하는 게 아닌 거죠. 내가 애를 대학을 안 보낸다고 국정원에서 나올 리는 없잖아요.(^^) 그러니까 이제 이웃이 서로 그런 식으로 권력을 행사하는 거예요. "왜 애를 이렇게 방치하냐"고, "뭐라도 시키라고", 말들이 많다는 거죠. 이에 대해서 내가 아니라고 말할 수 있는 것이 큐라스입니다.

그리고 또 계속 쓸데없는 물건을 사려고 하는 욕망이 있고, 남성들은 게임이나 야동에 대한 욕망이 있는데, 이런 욕망도 자기가 잘 지켜봐야 돼요. 이쪽으로 가면 이제 누군가를 사랑하는 건 점점 어려워져요. 왜냐하면 쾌락은 소유의 훈련이고, 내 삶의 회로가 이미 그렇게 결정이 되면 결혼을 해도, 나이가 들어도, 똑같아요. 절대로 안 바뀌어요. 그래서 뉴스에서 종종 보듯이, 스캔들과 루머에 휩싸인 유명인들처럼 되는 거예요. 지금 욕망에 사로잡힌 채 그대로 20년이 지난다면, 자기가 어느 케이스에 걸릴지를 한 번씩들 생각해 보세요. 왜냐하면 생리적 충동은 절대 자기 말을 듣지 않기 때문입니다. 나이 들수록, 몸이 약해질수록 더 심해진다는 거 잊지 마시고요.

그래서 두려움과 욕망, 이 두 가지로부터의 자유를 '자기배려' 혹은 '큐라스'라고 하는데, <감이당>에서는 이걸 '양생'이라고 부릅니다. 이 자기배려와 양생을 위해서 몸을 많이 쓰는 거죠. 많이 걷는다, 몸을 관찰한다, 요가를 한다. 그리고 이제 거기에 '낭송'이 들어갑니다. 내가 감각이 막 어지럽다, 마음이 혼란스럽다, 그러면 낭송책을 하나 외워 버리세요. 그러면 그 혼란이 끝나요. 왜냐하면, '성욕'하고 '말'은 같은 리듬을 타고 있기 때문이에요. 그래서 성욕을 억압하면 어느 날 막 욕을 한다고 합니다. 제가 어딘가에서 강의를 하는데, 어떤 여성이, 참 예쁘게 생긴 아줌마가 이야기를 하더라고요. 자기가 별 걱정 근심이 없는데도 우울해져서 정신과 상담을 받고 있는데 어느 날 자기가 벽에 대고 온갖 욕을 다하고 있더래요. 자기가 이렇게 욕을 많이 하는지 몰랐다고. 이게 그거예요. 이걸 사주명리에서 식상 기운이라고 합니다. 그래서 언어는 진리를 담을 것이냐 욕을 담을 것이냐의 갈림길에 있는 거죠. 그리고 성희롱 문제, 남성의 경우, 자기가 제어가 안 돼요. 그러니까 우선 말의 길을 바꾸면 회로가 바뀌고, 이후에 발바닥이 기존과는 다른 동작을 만들어 내는 겁니다. 이게 '큐라스'예요.

이제 이 몸을 가지고 내가 어떻게 지평선을 향해 갈 것이냐. 그게 이 퀘스트, '비전 탐구'입니다. 이게 '길 위에서 묻는다', '걸으면서 질문하기'라고 말할 수 있는 영역이에요. 질문을 놓치면 생명활동은 끝나는 거예요. 질문하지 않으면 생명은 창조도, 순환도 불가능하니까요. 그리고 질문을 끊임없이 생성해 내려면 길 위에 있어야 돼요. 그러면 어떻게 해야 길 위에서 비전을 탐구할 수 있을까? 그 이야기를 좀 구체적으로 해볼까 합니다.

잉여를 접속으로

좀 뜬금없어 보이지만 '돈' 이야기부터 해볼까 합니다. <남산강학원>과 <감이당>을 합쳐서 '강감찬'이라고 하는데. 이 강감찬 네트워크가 모여서 공동생활을 하잖아요. 회비를 내서 생활을 합니다. 세미나 회비를 내고, 강좌 회비를 내고. 그렇게 해서 공동으로 운영을 해나가고 있습니다. 처음에는 <감이당>이 아주 소규모로 시작을 했는데, <감이당>의 공부를 원하는 분들이 많아져서 공간이 늘었잖아요. 그러면 이제 그 회비로 일단 공간 운영비를 충당해야겠죠. 그런데 만약에 그러고 또 남는 돈이 있다면, 그거는 어떻게 쓰는 게 좋겠어요? 모아 두었다가 <감이당> 회원들 노후자금으로 쓸까요?(^^) 아니면 건물을 사 버릴까요?(^^) 돈을 모아 놓으면 안정될 거라고 생각하지만, 돈이 모이면 그 조직은 그다음부터 이 소유를 둘러싼 파벌 싸움을 벌이게 돼 있어요. '나는 안 그럴 거 같다', 그렇게 말하는 사람이 꼭 그럽니다. 이건 백 퍼센트 확신할 수 있어요. 왜냐하면 인간의 생물학적 패턴이 그렇게 되어 있어요. 스톡이 생기면 거기에 바로 욕망이 일어나는 법이거든요.

보통 이렇게 이야기하잖아요. '돈을 모아서 큰 건물을 하나 전세로 임대를 해서 운영을 하자'고. 그러면 월세를 안 내도 되니까 훨씬 안정적이지 않겠냐고. 이렇게 안정되면 되게 잘될 거 같죠? 절대 아닙니다. 그때부터 사람이 안 와요. 그리고 지금도 충분히 안정돼 있어요. 월세 잘 내고 있는데, 왜 불안정하다고 생각하는 거죠? 암튼 그래서 <감이당>에서 운영을 하고 남는 돈을 어떻게 쓸 것인가—별로 안 남기는 하는데(^^)—, 이게 고민이었거든요.

거기다 <감이당>이 이곳 필동으로 이사를 오면서부터 갑자기 우리나라에 인문학 붐이 일어가지고, 제가 강의를 많이 하게 된 거예요. 강사료도 가만히 있는데 올라요. 기준은 잘 모르겠는데, 암튼 올랐어요. 그런데, 또 제가 독거노인이다 보니(^^) 생활비가 많이 안 들어요. 그러다 보니 잉여가 생기게 되었죠. 그래서 이 잉여를 어떻게 쓸까 고민하게 되었죠. 당연히 이 세상의 모든 건 다 순환해야 돼요. 재물도, 능력도, 인간의 목숨도. 그래서 그런 잉여를 어떻게 순환시킬까 하다가 먼저 청년을 위해 써야겠다, 이렇게 생각하게 된 거죠. 그런데 청년들을 위해서 뭔가를 한다고 할 때 핵심은, 그냥 도와주어서는 안 된다는 겁니다. 뭔가를 배우는 일을 도와줘야 하죠. 나머지 경우에는 증여하면 안 돼요. 그럼 그걸로 로또 사고 신상품 사고 하는데, 그건 그들의 삶을 망치는 데 일조하는 거죠. 기껏 도와주고 나서 서로 미워하게 되는, 참 어리석은 짓인데, 이런 일이 가족 안에서 수시로 일어나고 있죠. 하지만 배우는 일은 그렇지 않아요. 배움이야말로 신뢰와 우정을 일으킬 수 있어요. 이게 원리이고, 본성이에요.

그러면 어떻게 배우게 할 것이냐. 이게 또 문제예요. 왜냐면, 지금 학교가 너무 많고, 정보가 너무 많잖아요. 청년들이 너무 배워서 병들고 있는데, 어떻게 할 것이냐. 그래서 제가 국경을 넘어 세계를 무대로 몸을 움직이게 하는 거, 이런 비전을 생각해 낸 거예요. 그래서 몇 년 전 뉴욕에 한 명을 보냈는데, 그 청년이 거기서 학교를 다니다가 지금은 의학을 공부하겠다고 쿠바에 가 있습니다. 그 청년은 여기서 대학을 안 다녔는데, 뉴욕에서 검정고시도 붙고, 영어로 글쓰기도 훈련받고 하면서 정말 뭐 '본 투 비 뉴요커'인 것처럼 살았어요. 당연히 돈이 좀 들었죠. 근데 이거는 저의 활동 범위가 넓어진 것이기 때문에, 제가 그 청년한테 증여한 거라고 할 순 없어요. 내 활동 안에 그 청년이 그런 공부를 하는 게 있는 거예요. 그래서 저한테도 엄청난 이익이죠. 그런 확장 때문에 제 머릿속에는 굉장히 많은 생각의 레이더가 작동하게 되고, 또 그게 다양한 글쓰기로 이어지죠. 이건 절대 화폐가 줄 수 있는 게 아니에요. 활동과 관계가 있어야만 가능한 거죠. 배움이라는 활동. 우정이라는 관계.

한데 그 친구가 미국에서 공부를 하다 보면, 거기 베이스캠프가 생기는 거고, 여기 있는 친구들이 그 베이스캠프를 기반으로 미국으로 가겠죠. 그렇게 간다

"

우선 중요한 건 움직이는 것이고,
관계를 능동적으로 만들어야 한다는
겁니다. 자기가 하는 활동이 자기
삶이에요. 어디에 가서 거기서 주는
혜택을 받을 생각하지 말고,
거기서 내가 할 수 있는 공부와
활동이 무엇인가를 봐야 합니다.

고 다 거기서 유학을 할 필요도 없고, 중요한 건 가서 누구를 만난다는 게 핵심이죠. 영어를 잘할 필요도 없어요. 소통을 한다는 사실 자체가 중요한 거예요. 이렇게 미국에 베이스캠프를 마련했고. 중국도 넓으니까, 베이스캠프가 하나 있어야겠다. 그 매니저가 『열하일기』 때문에 중국에 갔다가 만난 현지 코디입니다. 우리가 공부하는 동양 고전이 거의 중국이 배경이라서, 중국에 베이스캠프가 있으면 중국 천하를 답사할 수 있겠죠. 이렇게 생각의 길을 바꾸면, 이것이 다시 글을 바꾼다는 겁니다. 이런 식으로 길과 글이 계속 순환되는 거예요.

그런데 이렇게 돈을 쓸 때, 어떻게 쓸 것인가 그 디테일이 중요해요. 그래서 제가 정한 원칙은 공동체에 잉여자산이 있다고 해도 교통비는 자기가 해결해야 된다는 겁니다. 그리고 거기서 일어나는 모든 사고는 자기가 책임져야 한다는 거죠. 절대 안전장치는 없어요. 그러면 되게 불안해할 수 있는데, 이런 불안감은 '모든 게 보장이 돼야 움직인다'라는 데서 생기는 겁니다. 그렇게 모든 것이 보장되면 그것은 자기가 한 게 아닙니다. 만약에 교통비를 대준다고 하면 아마,

가장 편하고 비싼 거를 구하려는 심리가 작동할 거예요. 우리가 세금으로 뭔가를 할 때 그렇게 하잖아요. 그런데 교통비는 자기가 해결하라고 하면, 어떻게 경로를 짜야 알차게 다닐 수 있을지 고민을 하겠죠. 이것이 공부예요. 그 대신 현지에서 의식주, 거기서 먹고 자고 하는 모든 건 지원을 해준다, 이런 겁니다. 당연히 그것도 원칙과 합의가 있어야 합니다. 그리고 거기서 현지의 청년들과 만나서 네트워크가 형성된다면 그 청년들이 한국을 답사할 수 있는 그런 데에는 돈을 쓰는 거죠.

그러니까 돈의 액수가 문제가 아니라, 돈을 어떻게 쓰느냐의 문제인 겁니다. 절대 서로 채무와 채권관계가 형성되면 안 됩니다. 그게 제 개인 돈이든, <감이당>이나 <남산강학원> 공금이든 마찬가지라고 생각합니다. 그리고 거기서 일어나는 일들은 자기가 몸으로 부딪쳐야 하는 문제인 거죠. 예컨대, 중국 윈난성의 호도협 트레킹 같은 건 길 자체가 되게 험한데, 가다가 넘어지고 다치고 토하고 하는 건 자기 몫이에요. 그거를 어떻게 해달라고 하면 이 네트워크에는 들어오시면 안 됩니다. 그런 걸 서로 명확하게 해야 하고, 그리고 돌아와서 반드시 글로 그걸 표현해야 돼요. 그러니까 굉장히 심플하죠. 많은 게 필요 없어요.

이것이 제도 앞에서 무력해지고, 상품의 쾌락 앞에서 쩔쩔매는 청년들이 자기 삶의 주인이 될 수 있는 비전 탐구라고 생각을 합니다. 그리고 고전을 낭송용으로 엮은 '낭송 Q' 시리즈를 낸 다음부터는 이제 미션을 주는 거죠. 윈난성에 있는 호도협에서 낭송을 하는 동영상을 찍어서 보내라거나, 뉴욕 센트럴 파크에 가서 『도덕경』을 외운다든가, 이렇게 미션을 주기도 합니다. 미션만 주는 거고, 가서 하든 말든 그건 자기 몫이고, 그거에 대해서 무슨 서류 처리를 할 필요가 없어요. 왜냐면 서로 보면 아는 거죠. 거기서 어떻게 했는지 몸에서 다 드러나니까요.

길 위에서 하는 공부

이런 것이 저희 공동체가 지금 구성하고 있는 공부법입니다. 사실 이렇게 청년들이 많이 움직이는 건, 청년들이 딱히 할 일도 없고, 책임질 일이 없어서 그렇

Erik (HASH) Hersman(www.flickr.com)

영국의 동물학자이자 환경운동가인 제인 구달은 40년 동안 탄자니아의 밀림에서 침팬지 연구에 힘썼다. 개발로 인해 침팬지의 수가 급격하게 줄어드는 것을 보면서 환경운동에 뛰어들었고, 노년이 되어서도 '길 위에서' 동물과 자연을 위한 활동을 지속하고 있다.

기도 합니다. 미국이든 중국이든 혹은 유럽이든 막 3개월씩 있겠다고 합니다. 국내에서 얼마나 쓸모(^^)가 없으면 그러겠어요. 그런데 중년들은 그렇게 하기가 되게 어려워요. 집에서건 회사에서건 또는 마을에서건 맡은 바 소임이 있으니, 어디를 가려면 이것저것 신경 쓸 게 많아요. 그래서 이게 참 좋은 거예요. 그러니까 청년들은 부담 없이 가서 막 몇 달씩, 또는 일 년씩 현지 언어를 배우든 친구를 사귀든 하는 거예요. 중국 전역을 돌아다니고, 센트럴파크를 활보하고 하는 거죠. 그야말로 길 위에서 인생을 배우는 겁니다. 그리고 청년들이 그렇게 움직이는 동안에 그들이 있는 길을 따라서 중년들도 간헐적으로 여행을 할 수 있잖아요. 머나먼 길 위에서 만나면 서로 얼마나 반갑겠어요? 그야말로 청&장 크로스가 절로 이루어지는 거죠. 그 사이를 연결하는 건 당연히 '고전과 인생'입니다. 고전을 통해 문명을 탐사하고, 지혜를 길어 올리고…. 이거야말로 큐라스와 퀘스트의 멋진 현장이 아닐까요?

동물학자 제인 구달이라는 분이 있죠. 그분이 여든이 넘은 나이까지 일 년에 삼백 일을 집 밖에 있었다고 합니다. 길거리에 있었대요. 온 세상 사람들을 만나면서…. 침팬지만 보고 있는 게 아니더라고요. 이런 게 진짜 멋지지 않아요? 그렇게 할 때 그 성과가 뭐고, 결과가 어떻고 하는 건 전혀 의미가 없어요. 또 꼭 국경을 벗어나야 하는 것도 아니에요. 국경 안에서도, 가까운 곳에서도 얼마든지 가능합니다. 제갈량은 방 안에서도 천하를 다 굽어봤다고 하지 않습니까? 또 티베트의 수행자들은 고원의 동굴에서 몇 년씩 존재의 심연을 향한 여행을 하더라고요. 핵심은 '길 위에 있다', '온전히 나의 힘으로 살아 낸다', '오늘 일어나서 걸을 곳이 있고, 누군가 만나서 대화를 할 수 있다', '인생과 세계에 대한 질문을 멈추지 않는다', 이것이 중요한 거죠. '길 위의 공부'란 바로 그런 것이죠. 저도 그런 공부를 계속할 생각입니다. 오늘 강의는 여기서 마치겠습니다.

북튜브 출판사는 온라인의 인문학 강의가 전달하고자 하는 내용을 독자들이 더 곱씹고 되새길 수 있도록 책이라는 형식으로 담아 내고자 합니다.

저자의 생생한 목소리로 책의 내용을 만나고 싶다면, 아래의 url 혹은 QR코드로 동영상 강의에 접속할 수 있습니다.

첫번째 특강 _ 삶에 꼭 이유가 있어야 하나요?
https://youtu.be/homZR42hfMQ

두번째 특강 _ 에로스와 로고스의 향연
https://youtu.be/ocACIPjXYQI

세번째 특강 _ 원초적 욕망과의 대면
https://youtu.be/az3cyB2h6q0

네번째 특강 _ 길 위의 공부
https://youtu.be/UZvL6AHJ-Kg

* 위 동영상 강의들은 각각 그랜드마스터클래스(첫번째 특강), MBC(두번째 특강), 불광미디어(세번째 특강), 헐필름(네번째 특강)에서 업로드한 것으로, 북튜브 출판사는 해당 강의의 링크를 제공할 뿐, 해당 동영상이나 업로드 단체와는 무관합니다.